良知铸就匠心

——高职教育“阳明模式”探索与实践

王正才　陈姜帅　周艺红　张海英　编著

上海交通大学出版社
SHANGHAI JIAO TONG UNIVERSITY PRESS

内容提要

本书以宁波职业技术学院阳明学院的教育教学实践为基础，立足于阳明学院十余年探索历程，结合王阳明基于心学理论而形成的教育思想，着重论述王阳明教育思想的当代价值和其在高职教育实践中的作用，系统总结探索高职教育“阳明模式”，为国内高职教育“提质培优”提供借鉴经验。本书分别从立志为先、知行合一、学以致用、因材施教、教学实施、产教融合、“双师”队伍建设、实训基地建设、监控机制建设等方面，全面介绍阳明学院教育改革创新十余年的成果和发展。本书既是对余姚先贤王阳明教育思想的当代价值的传承弘扬，也是对阳明学院独具一格的教学实践方式的总结。

图书在版编目(CIP)数据

良知铸就匠心——高职教育“阳明模式”探索与实践/王正才，陈姜帅，周艺红，张海英编著. —上海：上海交通大学出版社，2024

ISBN 978-7-313-30805-4

Ⅰ. ①良… Ⅱ. ①王… Ⅲ. ①高等职业教育-教学研究 Ⅳ. ①G718.5

中国国家版本馆 CIP 数据核字(2024)第 103545 号

良知铸就匠心——高职教育“阳明模式”探索与实践

LIANGZHI ZHUJIU JIANGXIN—GAOZHI JIAOYU “ YANGMING MOSHI” TANSUO YU SHIJIAN

编　　著：王正才　陈姜帅　周艺红　张海英
地　　址：上海市番禺路 951 号
出版发行：上海交通大学出版社
电　　话：021-64071208
邮政编码：200030
印　　制：武汉乐生印刷有限公司
经　　销：全国新华书店
开　　本：700mm×1000mm　1/16
印　　张：10.25
字　　数：201 千字
版　　次：2024 年 6 月第 1 版
印　　次：2024 年 6 月第 1 次印刷
书　　号：ISBN 978-7-313-30805-4
定　　价：78.00 元

前　言 | Preface

王阳明教育思想的当代价值和高职教育实践

2010 年，在被誉为“东南名邑”且诞生了中国明代著名思想家、教育家王阳明的余姚热土上，一所高等职业院校分校区——宁波职业技术学院阳明学院(以下简称阳明学院)诞生了。阳明学院由余姚市人民政府和宁波职业技术学院共建，以服务余姚经济社会发展、培育输送高素质技能型人才为目标，经过十余年的辛勤工作、努力奋斗和探索创新，已为地方经济发展和企业转型升级提供了有力的人才支撑，成为国内高职教育“提质培优”、多样化发展的样板。图 0-1 为余姚阳明故居纪念馆外景。

图 0-1　王阳明故居纪念馆外景

一、王阳明思想的当代价值

阳明学院以“阳明”二字命名，并非只是学院创办地落户在王阳明的故乡余姚，更重要的是学院的办学理念和教学实践秉承了王阳明的教育思想。王阳明基于心学理论而形成的以“做圣贤、明人伦、致良知、知行合一”等为主要观点的教育思想，对当代教育而言，也是极为珍贵的思想资源。阳明学院将十余年的高职教学实践探索成果总结为“阳明模式”，既意在对王阳明教育思想的当代价值的传承弘扬，也表现出阳明学院教学实践独具一格的地方特色。本书立足于阳明学院十余年探索历程之上，着重论述王阳明教育思想的当代价值和其在高职教育实践中的作用。

概而言之，王阳明教育思想的当代价值主要体现在以下四个方面。

1. 立德为先，把教书育人作为教学的根本任务

王阳明少年时代就把成圣贤而非考取功名视为“人间第一等事”；在讲学授徒实践中，也把教育学生立志“明人伦”“成圣贤”作为根本宗旨。王阳明认为，教导学生学会做人，而非做事求功名，是教育的根本任务。从现代教育视角下，王阳明讲的“明人伦”，就是明晓践行社会的伦理道德，“成圣贤”，就是做道德高尚、能担当社会大任的人。把“明人伦”“成圣贤”作为根本宗旨，也就相当于把德育放在首位，把立德树人作为根本任务。因而“明人伦”“成圣贤”“立德树人”在文化上可谓异曲同工、一脉相承。在高职教育领域，提倡传承弘扬的“工匠精神”就是培育高素质技术技能人才的“立德树人”。当然，我们今天所立之德、所明之伦，乃是社会主义核心价值观和社会主义社会的伦理道德；所树之人，乃是德智体美劳全面发展的新时代社会主义建设者和接班人，是“担当民族复兴大任的时代新人”。

王阳明致力于教导学生学会做人，可树人的教育目标绝非一蹴而就。王阳明认为，要成为圣贤，必须经过“立志、勤学、改过、责善”的艰苦过程。同样，立德树人的目标，绝非仅凭简单的思想灌输和口号激励就能实现，而必须要经历树立理想、勤奋学习、实践磨炼、心灵砥砺的艰难过程才能达到。总之，以教书育人为根本理念，其对学生和社会的作用影响幽微而深远，平淡而悠长。正是在这一理念之下，王阳明成为旷世大儒，其学生中英才辈出。古语有云，“志于道德者，功名不足以累其心”。在做道德高尚、全面发展的人这一远大目标之下，人往往能够抛下利益得失，轻装前行，并获得持久的前进动力；社会成员的利益纷争大为减少，管理成本大为降低，而社会进步发展的理想目标，才有了实现的可能。近年来，有个别考入名校的学生厌学、辍学，其原因多是高考之后失去了人生的目标和追求。究其根源，还在于一些学校没有真正把立德树人作为根本任务，没有培育学生立志做服务人民、奉献社会的时代新人，没有让学生树立更为远大的人生目标。

2. 领悟良知，引导学生要发挥学习的主观能动性

王阳明认为，人人先天拥有良知，知是知非，知善知恶，是人成为圣贤的基础。王阳明的这一思想，开启了明清时代追求个性解放的文化思潮。这与我们今天鼓励学生坚持独立思考，并强调发挥学生的主观能动性，具有内在的一致性。首先，王阳明认为良知是成为圣贤的基础，就是在肯定独立思考的价值，肯定自我精神的价值。王阳明说，良知是人身上的"定盘针""万化源"，离开良知就是舍本逐末。同样，离开自我精神的独立思考，就不可能有真正的思想认同，更不会有真正的创新创造。其次，唤醒激发良知的力量，其实就是发挥人的主观能动性。王阳明之良知，固然不能等同于我们今天说的意识的主观能动性，其在内涵上，主要是指道德意识、道德情感和道德能力，但其在功能上，却具备了主观能动性的诸多特点。王阳明在百死千难中体悟出的"致良知"，其实是对人主观能动性的伟大作用的切身体察和倾情赞美。要培养"担当中华民族复兴大任的时代新人"，建设创新型国家，就必须把坚持独立思考、强调发挥个体主观能动性作为时代精神的重要内涵，从而激发起人们内心蕴藏的创新创造和实践建设的磅礴力量。

3. 知行合一，强调学生要在实践中成长成才

王阳明教育学生要做到知行合一，"未有知而不行者，知而不行，只是未知"，强调"人须在事上磨炼，做功夫，乃有益。若只好静，遇事便乱，终无长进"。王阳明这些论述虽主要是讲德育，讲修身进德，但对今天教育的各个领域，仍具有启发意义。

对此我们要有两个认识。第一，思想品德教育要坚持和强调知行合一。个体利益、内心需求与社会规范的冲突，是存在的；知而不行、知行分离、知行脱节的现象，屡见不鲜。只有坚持和强调知行合一，强调内心和言行的统一，才能培养内心真诚、行为高尚的人，避免让伪君子和精致的利己主义者大行其道。第二，知行合一不仅是德育的根本路径和要求，而且应该成为智育、体育、美育、劳育的根本路径和要求。要成为德智体美劳全面发展的人，不能只是学会一些知识，而是应当能够把知识运用于实践，只有在实践锻炼的基础上，才能成为品德高尚、能力过硬、身心健康、会审美、爱劳动的人。

4. 因材施教，重视学生个性发展和专业培养

王阳明卓越的教育成就，与他对教育规律的深刻把握密不可分。他传承了孔子的因材施教思想，主张教育要"因其性情"，针对个性不同、年龄阶段不同的人，采取不同的教育策略。同时进一步发展形成了"随才成就"的教育理念，他认为"人要随才成就，才是其所能为"，即要根据人的个性特长去培养发展，才能有所成就。这一思想对我们今天的教育工作有重要的借鉴意义。首先，忽视学生个性的教育，必定是低效乃至无效的。例如，思想品德课如果无视学生年龄特

点，大中小学一律采用相似的说教式用语，再正确的道理，也会导致学生熟视无睹，乃至厌倦反感。其次，无视学生特长的教育，注定是失败的。要求门门通，可能导致门门松；“一刀切”式的教育之下，数学零分的钱钟书，也只能上高职，而英语不好的绘画天才，将会失去进美院、成大师的机会。因此，既要教育学生德智体美劳全面发展，又要尊重人的个性特长，这样才能建设成为各类人才自由发展、成长绽放的教育强国、人才强国。图 0-2 为王阳明的著作《传习录》封面。

图 0-2　王阳明的著作《传习录》封面

综上所述，王阳明教育思想的内涵非常丰富，十分可贵，对包括高职教育在内的当代各类型、各层级教育都有很大的应用价值。将王阳明教育思想的本质内涵运用于当代高职教育当中，尤其是立德为先、领悟良知、知行合一、学以致用、因材施教等教育理念，归结到高职教学实践上来，就是要将职业精神培养融入职业技能培养、将职业技能培养与职业精神培养统筹融通，互为促进。在此特将阳明学院围绕这一课题开展的教育实践和取得的认识成果，进行交流探讨。

二、王阳明思想的探索与实践

在高职教育发展初期，面对国家经济社会发展对技术技能人才的迫切需求，高职院校在自身师资、设备、经费、生源等条件都欠佳的情况下，采取了对职业技能培养进行“专项强化”的特殊措施，在短时间内培养出了大量具有较高水平的职业技能人才，为我国经济社会发展做出了重要贡献。然而，这一措施将职业技能培养与职业精神培养割裂开来，长远看来不符合技术技能人才的成长规律，它不仅使得培养出来的人才不能很好地满足新形势下国家经济社会发展对技术技能人才的素质要求，也制约着高职学生的进一步发展，还影响着人们对高职学生群体和高职教育的评价。因此，有必要打破以往职业技能培养和职业精神培养彼此割裂的传统，改变“头痛医头，脚痛医脚”的做法，从“融合”视角考虑二者的培养问题。阳明学院在综合分析研判高职教育培养优秀人才的政策、理论、经验和趋势后，深入思考，大胆探索，结合王阳明教育思想当代意义的挖掘应用，对高职教育肩负的职业技能培养与职业精神培养任务进行了全面、有益的探索与实践，具体归纳如下。

1. 高度认识职业技能培养与职业精神培养的关系

在以往的高职技术技能人才培养实践中，职业精神培养不是完全没有，而是它处于“说起来重要，干起来次要，忙起来不要”的尴尬境地，职业精神培养与职业技能培养处于一种分离状态。当然，这种“分离”不是一种完全的分离，而是一种部分的分离。为什么是“部分分离”而非“完全分离”呢？这是因为，作为一种技能性经验，职业技能的获得由明显的行动组成，如果行动与个体的兴趣、情感等因素脱离，行动就会处于一种机械化状态，这种状态中的个体缺乏更完整地去感受和更深入地去思考实践意义和价值的能力，这会影响职业技能培养的效果。职业技能培养与职业精神培养目前的这种“部分分离”的关系，是高职院校在过去几十年培养技术技能人才的过程中慢慢形成的，即使在这样的关系下，技术技能人才培养实践活动依然能够开展，但还是存在不少问题，这使得高职技术技能人才的培养质量不能达到应有的水平，也影响着高职学生的全面发展。随着国家经济社会发展对高职技术技能人才素质要求的不断提高，也为了满足高职学生全面发展的需要，高职院校应该改善这种“部分分离”的情况。

在高职学生职业技能培养与职业精神培养的关系处于“部分分离”的情况下，二者的发展趋势可能有两种：一种是进一步分离，另一种是走向融合。如果其走向“进一步分离”，高职学生在职业技能培养过程中将更少受到职业精神的影响，甚至完全不受职业精神的影响（即“完全分离”），这是一种与真实的职业实践不同的情况。在此情况下，职业技能的形成过程和形成结果都处于不良状况，前者缺少必要的动力支撑，后者呈现“营养不良”的态势。反之，如果职业技能培养与职业精神培养走向“融合”，高职学生的职业技能培养过程将更接近真实的职业实践。在此情况下，职业技能培养不仅具有充足的动力，而且培养出来的职业技能可以更好地满足职业实践的需求。显然，高职学生职业技能培养与职业精神培养的关系应由“分离”走向“融合”。

实质上，“部分分离”也意味着“部分融合”。由“分离”走向“融合”的过程，也就是不断增加职业技能培养与职业精神培养的融合程度，最终走向“完全融合”的过程。在“完全融合”的情况下，高职技术技能人才的培养实践中将不存在单独的职业技能培养与职业精神培养，高职院校会根据职业技能和职业精神培养规律，以及自身拥有的条件对二者进行统筹安排。这是一种比较理想的状态。要想达到这一状态，需要对规模庞大的高职教育现有的技术技能人才培养体系进行“颠覆性”变革，虽然就高职学生综合职业素质培养而言，这样做效果最好，但付出的代价会比较大。因此，在今后一定时期内，高职院校可能会采取一种“改良式”的行动，即在现有的技术技能人才培养实践中，将职业精神培养全面融入职业技能培养过程，让职业技能培养与职业精神培养不断走向“完全融合”。

2. 高度重视高职教育职业技能与职业精神融合培养的价值

所谓价值，是指客体本身所具有的属性同主体需要之间的一种特定关系。在大力提高职业教育人才培养质量的背景下，高职教育职业技能与职业精神融合培养具有促进学生职业精神培养、促使学生职业技能水平进一步提高、促进学生可持续发展以及改变人们对高职学生群体和高职教育的评价四个方面的价值。

(1)促进学生职业精神培养。

在以往的高职院校技术技能人才培养实践中，职业精神培养实际上是被当作一种应对外界评价的“幌子”。个别高职院校并没有对职业精神培养进行系统的设计与安排，导致其仅仅流于口头强调，实践中往往得不到应有的重视。这样一来，职业精神得到的发展培养机会就比较有限了，这对于学生职业精神的形成是极为不利的。实施高职学生职业技能与职业精神融合培养，一方面可以使学生的职业精神得到更多的发展培养机会，另一方面有助于个体获得基于职业技能上的自我实现感，这些都有利于学生职业精神水平的提高。

(2)促使学生职业技能水平进一步提高。

在职业技能被当作“专项”来强化的时候，它的训练时间十分充裕，得到的反馈也比较及时和充分，因而它可以达到的熟练程度比较高。但是，在此情况下，职业精神以碎片化、非系统的形式存在，它与技术技能人才实际工作中所需的真实的职业精神存在差异。如此形成的职业技能是一种机械训练下的产物，它的可迁移性不强。实施高职学生职业技能与职业精神融合培养，可以使职业技能在形成过程中及时起到强化职业精神的作用，如此形成的职业技能更加符合职业实践的需要，而且在职业精神的引领与支持下，职业技能可以达到更高的水平。

(3)促进学生可持续发展。

高职教育的主要任务是将学生培养成生产、建设、管理、服务等一线岗位需要的高素质技术技能人才。要想高职学生持续发展，就要使培养出来的技术技能人才具备较高水平的综合职业素质，即拥有迁移性较强的职业技能和水平较高的职业精神。在职业技能培养与职业精神培养“部分分离”的情况下，所培养出来的技术技能人才的职业技能可迁移性不强，如果转岗就需要进行新的较长时间的培训。而职业精神的培养效果则存在较大的个体差异，有的学生职业精神水平较高，但也有部分学生职业精神水平不高，饱受社会诟病。在职业技能与职业精神融合培养的状况下，职业精神可以得到更多、更好的发展，从而达到更高的水平。职业技能可以具有更强的可迁移性，因而这两个问题都可以得到较好的解决，这有助于将高职学生培养成具有较高综合职业素质的技术技能人才，使其持续发展。

(4)改变人们对高职学生群体和高职教育的评价。

由于生源、招生录取安排、学位、上升途径等原因，自高职教育诞生以来，人们对其存在偏见，觉得它是“失败者教育”“末批次教育”，是针对“差生”的高等教育。近年来，党和政府高度重视高职教育的发展，实施了“国家示范性高等职业院校建设计划”，举办的“全国职业院校技能大赛”也使高职教育的面貌有了很大的改观，人们对高职教育的了解也有所增加，不少人对高职教育的看法也有了一定改变。但是，由于在职业精神培养方面存在缺失，高职教育培养出来的学生虽然大部分职业技能水平不错，可依旧有不少学生缺乏爱岗敬业、吃苦耐劳、团结合作等职业精神，“能干事”但“不愿干事”，或者“干不好事”，给人们留下了不好的印象。实施高职学生职业技能与职业精神融合培养，培养出职业技能与职业精神俱佳的技术技能人才，有助于改变人们对高职学生群体和高职教育的看法。

3.高质量实施高职教育职业技能与职业精神融合培养方式

在阳明学院的教学实践中，对职业技能培养与职业精神培养存在以下三种方式。

(1)将职业精神培养融入职业技能培养。

在当前的高职技术技能人才培养实践中，职业技能培养目标主要是通过课程教学(公共基础课、专业基础课、专业课、实践教学课)和文化熏陶(校园文化熏陶、企业文化熏陶)等活动来实现。职业精神培养目标实际上也可以通过课程教学，以及文化熏陶来实现，只是由于在过去的技术技能人才培养实践中，职业精神培养受重视程度不够，它只是在部分课程的教学活动中出现，在文化熏陶活动中，对它的强调也不够，所以，职业精神培养在以往的技术技能人才培养实践中显得零散和薄弱。由于职业技能与职业精神有着相近的培养活动载体，而且本身又有着紧密联系，所以，可以考虑将职业精神的培养融入职业技能培养之中。

实际上，也就是在课程教学和文化熏陶等活动中，补充开发职业精神培养相关内容，并使之与职业技能培养各部分的活动自然衔接起来，合为一体。

(2)将职业技能培养融入职业精神培养。

如前文所述，职业技能与职业精神有着相近的培养活动载体，而且本身又有着密切的关系，那么，是否可以考虑将职业技能培养融入职业精神培养呢？从理论上讲，这样做是可行的。只是，由于在过去的技术技能人才培养实践中，职业技能培养活动已经形成比较成熟的体系，而职业精神培养体系相较而言显得薄弱很多，如果将职业技能培养融入职业精神培养，则要先构建与完善职业精神培养体系，再尝试将职业技能培养有关活动与职业精神培养体系中的活动衔接起来。为了培养高职学生的职业精神，可以构建出很多不同的培养体系来。如果这一步行动在先，为了实现与职业技能培养活动的衔接，就要先确定究竟采用哪一种职业精神培养体系进行职业精神培养，然后根据这种体系对现有的职业技能培养体系进行“裁剪”。与前一种融合培养方式相比，如果采用这一种方式，高职院校需要开展大量的工作。

(3)统筹融通、双管齐下的方式。

职业技能与职业精神的培养是职业实践活动中的两个重要元素，它们同时存在且相互作用，和谐共处。如果将它们中的一个“剥离”出来，另一个就会因为失去了一个“力”的作用而导致职业实践活动失去原有的平衡，继而影响到职业实践活动的运行过程与结果。也就是说，职业技能与职业精神对于职业实践活动而言都是不可或缺的。反之，职业技能与职业精神也离不开职业实践活动，它们的形成以及积极作用的发挥都需要职业实践活动这一载体。既然如此，共存于职业实践活动中且相互作用的职业技能与职业精神的培养就不应该是两个独立的体系，应该统筹安排。从以上分析可以看出，统筹融通、双管齐下的培养方式最符合职业技能和职业精神的培养规律，能达到的培养效果最好。阳明学院正在创造各种条件，完善各项教学体系，朝着这一高职教育的崇高理想砥砺前行。

本书以宁波职业技术学院阳明学院的教育教学实践为基础，立足于阳明学院十余年探索历程之上，结合王阳明基于心学理论而形成的教育思想，着重论述王阳明教育思想的当代价值和其在高职教育实践中的作用，系统总结探索高职教育“阳明模式”，为国内高职教育“提质培优”提供借鉴经验。

由于水平有限，书中难免存在疏漏错误之处，敬请广大读者批评指正。

编　者

2024 年 3 月

目　　录 | Contents

第一章　立志为先：培育现代工匠精神之魂

宁波职业技术学院阳明学院十余年办学实践表明，办好新时代高等职业技术学校最基础、最根本的是要“不忘初心、牢记使命”。在余姚这片曾经养育了中国明代大思想家、大教育家王阳明的灵性热土上，阳明学院秉承王阳明毕生倡导的“明人伦”“立志立德”和学习过程须经“立志、勤学、改过、责善”等教育思想，引导学生“早立志”“立大志”，坚持立德为先，立志为先。阳明学院始终坚持“产教融合、校企合作、工学结合、知行合一”的办学思想，造就并输送德才兼备的高素质复合型创新型技能人才。学院把教育学生立德树人作为根本任务，也正是秉承着这一理念，阳明学院在高职教学实际中，对现代工匠精神的内涵意义、使命担当和培育之道进行了广泛深入的探索。

第一节　现代工匠精神的形成与发展

一、工匠和工匠精神

工匠一词，原指以手艺谋生的人，现将专注于某一领域、针对这一领域的产品研发或加工过程全身心投入、精益求精、一丝不苟完成整个工序的每一个环节的工作者统称为工匠。

据中国古籍记载，最早的工匠始于木工，后泛指手巧之人。“技进乎道”出自清代魏源“技可进乎道，艺可通乎神”，就是说，一个人的技艺达到一定的境界，就会转化为具有审美价值的艺术；艺术再继续熟稔精进，就会升华至“道”的境界。但是，今天我们所说的“工匠”并不等同于传统意义上的“工匠”，而是指那些不仅具有精湛技艺技能，而且具有创新精神和对真、善、美有着不懈追求的“工匠”。“工匠”中的优秀代表是先进生产力的杰出代表，引领着时代产业发展的风范。现代工匠和现代工匠精神脱胎于传统工匠，并随着近现代世界工业革命的不断变革而形成与发展。尽管工匠的符号有了很大的变化，但传统工匠的影子仍在。在社会的认同和人们的认知里，工匠是最朴实的劳动者画像、是活生生的职业者、是行家里手、是技术应用型拔尖人才。工匠精神是从业人员职业人格和其态度、职业能力和技术的内化和提升。外显的“匠”到内隐的“精神”，是匠人到匠心的文化凝练，更是人与技术的神形贯通。

对现代工匠精神的解读很多，可以说社会有多少种分工，就有多少种特定的职业化精神。从工匠原型的“人”到抽象化的工匠精神，可以解读到工匠精神的内核有以下几个关键点。一是精益求精的创新精神。企业的产品和服务是一个不断提升品质的过程，尤其是随着新技术、新工艺的升级换代，早期研造的产品需要更新完善。从设计到制造，从安装到调试，都要求一丝不苟、全神贯注，甚至每一个部件都要精挑细选，这就是对现实生活中原生态的工匠精神的诠释。按通俗的话说，精益求精，就是追求“没有最好，只有更好”。二是实事求是的科学精神。工匠精神的本质体现了崇尚事实、尊重科学、尊重技术的精神。从古代的鲁班造锯，到当代的神舟飞船遨游太空，技术的发明、制造的精良，无不是理论与实践、科学与技术结合的典范。工匠精神外显性最典型的特征是梦想成真，究其内里其实是“梦”，它本身符合客观发展规律，让梦成真的过程和实践必须遵循科学，否则将一事无成。可见，工匠精神是一种天人合一的境界，是主观世界与客观世界的融通，是科学与现实的有机结合。三是忘我工作的敬业精神。在现实工作中，我们能见到许多工匠成就了“巧夺天工”的技能。比如银行点钞员能“叫板”电子点钞机，为了练就这种技术，点钞员的手指磨去了很多层皮，花费了很多业余时间。这类案例比比皆是，归结成一点，成就工匠，非一日之功，是熟能生巧，更是出自敬畏自己的职业而远远超越了为了生计的谋业。职业岗位的责任担当已经成为自觉，职业与人生真正融为一体。

二、中国传统工匠精神的特点

中国传统工匠精神的特点如下。

1. 敬业

敬业是从业者基于对职业的敬畏和热爱而产生的一种全身心投入的认认真真、尽职尽责的职业精神状态。中华民族历来有“敬业乐群”“忠于职守”的传统，敬业是中华民族的传统美德，也是当今社会主义核心价值观的基本要求之一。

2. 精益

精益就是精益求精，是从业者对每件产品、每道工序都凝神聚力、精益求精、追求极致的职业品质。所谓精益求精，是指已经做得很好了，还要求做到更好，甚至是“即使做一颗螺丝钉也要做到最好”。

3. 专注

专注就是内心笃定而着眼于细节的耐心、执着、坚持的精神，这是一切“大国工匠”所必须具备的精神特质。从中外实践的经验来看，工匠精神都意味着一种执着，是一种几十年如一日的坚持与韧性。

4. 创新

工匠精神还包括追求突破、追求革新的创新内蕴。古往今来，热衷于创新和发明的工匠们一直是世界科技进步的重要推动力量。我国也曾涌现出一大批优秀的工匠，如全国闻名的劳动模范倪志福、郝建秀等，就是当时技术革新、技能创新的杰出代表。图 1-1 和图 1-2 为中国传统工匠的作品。

图 1-1　宁波工匠精制的明清甬式家具

图 1-2　宁波越窑青瓷精品

三、现代工匠精神的内涵

党的十九大报告中提出："建设知识型、技能型、创新型劳动者大军，弘扬劳模精神和工匠精神，营造劳动光荣的社会风尚和精益求精的敬业风气。"新时代的工匠精神的基本内涵包括爱岗敬业的职业精神、精益求精的品质精神、协作共进的团队精神、追求卓越的创新精神这四个方面的内容。其中，爱岗敬业的职业精神是根本，精益求精的品质精神是核心，协作共进的团队精神是要义，追求卓越的创新精神是灵魂。

1.爱岗敬业的职业精神

爱岗敬业，是爱岗和敬业的合称，二者互为表里，相辅相成。爱岗是敬业的基础，而敬业是爱岗的升华。具体来说，所谓“爱岗”，就是要干一行，爱一行，热爱本职工作，不能见异思迁，站在这山望那山高。所谓“敬业”，就是要钻一行、精一行，对待自己的工作，要勤勤恳恳、兢兢业业、一丝不苟、认真负责。社会调研中发现，凡是获得“工匠”和“劳模”荣誉称号的工人，都是爱岗敬业的典范，很多人都在本职岗位上工作了二三十年之久，终于干出了一番事业。所以，工匠精神最根本的内涵，就是爱岗敬业的职业精神。

2.精益求精的品质精神

顾名思义，精益求精，是指一件产品或一种工作，本来做得很好了，但还不满足，还要做得更好，达到极致。

精益求精的品质精神是工匠精神的核心。一个人之所以能够成为“工匠”，就是在于他对自己产品品质的追求，只有进行时，没有完成时，永远在路上。工作中不惜花费大量的时间和精力，反复改进产品，努力把产品的品质从99%提升到99.9%，再提升到99.99%。对于“工匠”来说，产品的品质只有更好，没有最好。追求极致、精益求精，是获得各类“工匠”荣誉称号的工人们的共同特点，这也是他们能身怀绝技、能在各种技能大赛中争金夺银的重要原因。

3.协作共进的团队精神

如果说爱岗敬业的职业精神、精益求精的品质精神是传统工匠精神具有的内涵，那么，协作共进的团队精神则主要体现于新时代的工匠精神之中。

新时代的工匠，尤其是产业工人的生产方式已不再是手工作坊，而是机器生产，每位工匠所承担的工作，只是众多工序中的一小部分。比如“复兴号”列车，一节车厢就有三万七千多道工序，这三万七千多道工序，一个人是不可能完成的，必须由车间或班组亦即团队协作来完成。团队需要的是协作共进，而不是各自为战。因此，协作共进的团队精神是现代工匠精神的要义。所谓协作，就是团队成员的分工合作；所谓共进，就是团队成员的共同努力、共同进步。

4.追求卓越的创新精神

和协作共进的团队精神一样，追求卓越的创新精神也是新时代工匠精神的内涵之一，甚至是新时代工匠精神的灵魂。传统的工匠精神强调的是继承，祖传父、父传子、子传孙，而新时代的工匠精神强调的是在继承基础上的创新。只有在继承基础上有所创新，才能跟上时代前进的步伐，推动产品的升级换代，以满足社会发展和人民日益增长的美好生活需要。有无追求卓越的创新精神，是判断一个工人能否被称为新时代工匠的一个重要标准。

当前,我国正处在从工业大国向工业强国迈进的关键时期,培育和弘扬严谨认真、精益求精、追求完美的工匠精神,对于建设制造强国具有重要意义。而只有对新时代工匠精神的基本内涵形成共识,才能在高职教育中达到“立德树人”“立志为先”的首要目的。工匠精神不仅是一种工作态度,也是一种人生态度,它代表着一种时代的精神气质:坚定、踏实、严谨、专注、坚持、敬业、精益求精。如果人人都能将这样的品质在内心沉淀,有干一行爱一行、爱一行钻一行的韧劲,有对工作一心付出的奉献精神,就一定能在平凡的岗位上抒写不平凡的人生。

第二节 中国制造的现代工匠使命

一、新时代的中国制造

当今世界制造业经过历次工业革命的推进,已进入信息化、智能化的新阶段,同时催生出新时代的工匠精神。每一个时代的工匠精神都有其独特的时代内涵,无不打上时代的烙印。工匠精神的时代性与生产制造模式有着直接的相关性。互联网与人工智能的普及标志着一种由新工业革命所引发的新业态的形成,新业态下的生产制造模式要求工匠具有创新的时代特质,自然也就赋予了新时代工匠精神以创新为灵魂的时代内涵。中国制造的发展形态可表述为以下两大趋势。

1.新工业革命与生产制造模式的转型

所谓工业革命,也称产业革命,通常是指经济与产业结构的转型性变革,而转型的特征则体现为从理念到技术与劳动生产组织的结构、功能的全局性的转变。工业革命的发生取决于技术革命是否能够足以引发众多产品在技术与设计等方面发生普遍而深层的革命性变革,进而催生一系列新的发明、创造和产品,乃至新的行业或生产领域。为了科学地把握新工业革命的本质,不仅需要从工业革命发生的逻辑去认识,也需要从资本运动的规律去认识,还需要从人类制造业发展的历程去分析。

首先,从工业革命发生的逻辑来看,今天的新工业革命是通信技术与信息技术高度发展的必然结果。就目前的情况而言,工业化程度比较高的国家,其承载着约90%的工业生产制造过程。正是由于信息技术革命,人类社会的生产和生活方式才发生了前所未有的飞跃。特别是近年来,信息技术基础设施与服务越来越多地由智能网络(云计算)提供。小型化乃至微型化的设备与因特网相结合,从而使“无处不在的计算”成为现实。功能日益强大的自助微型计算机(嵌入式系统)越来越多地互联或与因特网以无线方式连接正在使“无处不连接”成为现实。“制造业＋互联网”使制造业的面貌焕发出新的生机与光彩，互联网有机地融入制造业实体经济，使得制造业快速跨入了互联网时代。从历次生产制造模式转型的本质来看，当代新工业革命是由信息化制造模式向智能化制造模式的转变，其典型特征为“机械化＋电气化＋互联网”。

其次，从资本运动的规律来看，在以市场经济为主体的社会化生产、供给与消费体系中，资本运动大多遵循着这样的逻辑，即都有着较强的流动性与增值性——资本的二重性，服从资本价值增值和竞争的规律。为了实现市场上的社会总供给与社会总需求的平衡，社会资本运动服从按比例发展规律的要求，以保证经济结构、产业结构的平衡。当今，由于全球生产领域所发生的一系列广泛而深刻的结构性变化，导致世界各国参与生产的机遇正趋于平衡，许多专家将这种现象称为“新工业革命”。不过，从资本与市场角度来看，与其说这种“平衡”是全球生产领域里一系列结构性变化所引起的，倒不如说它是资本运动的必然结果。鉴于发达国家在新材料、新能源、新一代信息技术等方面有着明显的优势，因此，新工业革命加速了以发达国家为主的全球工业布局、产业结构以及国家间比较优势的重构。目前发达国家针对制造业产业链重构的着重点在于对高附加值环节的再造。高成本国家将利用新工业革命先导技术的产业化，以及通过更加灵活、更加经济的新制造装备，来生产更加个性化和具有更高附加值的产品。

最后，从人类制造业发展历程来看，从少量定制化到个性化量产是人类制造业发展的必然趋势。人类制造业可分为五个阶段：少量定制化、少量标准化、大批量标准化、大批量定制化、大批量个性化。这样划分的主要理由如下：这种趋势基本符合人类制造业总的历史发展进程；合乎马克思关于生产力推动下制造业发展规律与人类社会发展的三种形态理论（即前资本主义社会、资本主义社会和共产主义社会）。只有个性化量产，才能真正体现出新工业革命的“革命性”本质。该阶段在某种程度上意味着资本主义经济中生产的社会化与生产资料的私人占有形式之间的矛盾，将出现一些值得深思与研究的新变化。正是由于“互联网＋大数据”，才使个性化量产由可能变为现实。人类在越来越多的领域利用“互联网＋大数据”获得了劳动生产率的大幅度持续提升以及产品精度的不断提高，极大地降低了劳动者的劳动强度。特别要指出的是，“互联网＋大数据”不仅使人们在思维方式、生产方式、生活方式等方面发生了革命性的变革，而且最为重要的是它改变了人们的世界观，创造了一个新的人类生存空间——网络空间，并使人们能够在网络空间与现实空间之间自由穿梭。

2.新工业革命推动下的生产制造模式变革

任何一次工业革命最终都会使人类社会的生产方式和生活方式发生根本性变革。这种变革最突出的标志，就是由一种生产效率较低的生产制造模式向另一种生产效率较高的生产制造模式转型。从本质意义上说，这是一次深刻的生产制造文化的转型。通常情况下，这一转型是一种渐进式的过程，大约需要经历从孕育到兴起再到成熟等几个发展阶段，其主导产业的技术发展是一个由探索到确立，再由拓展到成熟的自我完善与自我发展的演进过程。

从历史上几次大的工业革命的发生发展逻辑来看，工业革命是在新技术革命、新能源革命和新通信革命的合力推动下逐渐发生、发展和实现的，并对原有的生产技术、组织方式、市场需求、商业模式、生产要素等都产生了深远的影响。

正是由于互联网与人工智能时代的到来，使“无处不在的计算”和“无处不连接”成为现实。与第一次工业革命、第二次工业革命和第三次工业革命相比，新工业革命具有科技化、全球化、互联化、数字化、绿色化、定制化等综合特征，表现为生产制造的技术高端化、制造智能化、产品个性化、生产全球化、全程绿色化。

以工业 4.0 为发端的新工业革命已进入主流轨道。早在 2013 年，德国联邦教研部与联邦经济技术部就在汉诺威工业博览会上提出了“德国工业 4.0”概念，旨在提升制造业的智能化水准，建立智慧工厂，整合商业与价值流程中客户与商业伙伴之间的资源。2015 年 3 月 5 日，十二届全国人大三次会议提出了“中国制造 2025”概念，确立了我国“信息化带动工业化、工业化促进信息化，走新型工业化道路”的工业发展方针。

与工业 4.0 并行的是技术交叉融合正在形成新工业革命的生产制造文化。系统生物学与系统生物工程的迅猛发展促使信息技术、计算机技术、纳米技术、生物技术、医药技术等技术高度渗透、交叉融合，引发了生产材料、制造工艺、绿色能源技术等重大关联技术的融合与突破。这些融合与突破及其结果都从不同的侧面助推了一系列新的生产制造模式的产生、成熟、稳定与巩固，在此基础上，相应的新的生产制造文化应运而生。系统的新的生产制造文化一旦形成并逐渐稳定巩固下来之后，由新工业革命所引发的新的生产制造文化就完成了对原有的生产制造文化的辩证否定——转型的任务。

二、新时代工匠精神的新内涵

为了适应“中国制造”转型与变革的时代趋势，当前制造业的工匠们面临着空前艰巨而复杂的挑战，对工匠们的职业素质和技术技能都提出了新的、更高的要求。互联网与人工智能使所有的社会生产、服务、消费与管理领域融为一体，在互联网与人工智能时代应该赋予“工匠精神”新的含义。

以宁波市为例，宁波市召开的制造业高质量发展大会，如图 1-3 所示。2020 年度宁波市制造业企业纳税 50 强企业名录，如图 1-4 所示。

图 1-3 2021 年 5 月 19 日，宁波市召开制造业高质量发展大会

（资料来源：宁波市经济和信息化局官网）

2020年度宁波市制造业纳税50强企业

中国石油化工股份有限公司镇海炼化分公司
浙江中烟工业有限责任公司宁波卷烟厂
上汽大众汽车有限公司宁波分公司
浙江吉利汽车有限公司
得力集团有限公司
雅戈尔集团股份有限公司
万华化学（宁波）有限公司
中海石油宁波大榭石化有限公司
舜宇集团有限公司
宁波申洲针织有限公司
公牛集团股份有限公司
奥克斯集团有限公司
宁波乐金甬兴化工有限公司
宁波方太厨具有限公司
海天塑机集团有限公司
杉杉集团有限公司
太平鸟集团有限公司

宁波中金石化有限公司
宁波镇海炼化利安德化学有限公司
浙江逸盛石化有限公司
宁波金田铜业（集团）股份有限公司
宁波钢铁有限公司
维科控股集团股份有限公司
宁波富邦控股集团有限公司
均胜集团有限公司
华翔集团股份有限公司
宁波拓普集团股份有限公司
台塑工业（宁波）有限公司
博格华纳汽车零部件（宁波）有限公司
利时集团股份有限公司
东方日升新能源股份有限公司
宁波群志光电有限公司
宁波金发新材料有限公司
宁波东方电缆股份有限公司

宁波博洋控股集团有限公司
宁波亚洲浆纸业有限公司
中哲控股集团有限公司
宁波亚德客自动化工有限公司
东华能源（宁波）新材料有限公司
韩华化学（宁波）有限公司
爱柯迪股份有限公司
万华化学（宁波）氯碱有限公司
宁波富德能源有限公司
宁波日星铸业有限公司
恒河材料科技股份有限公司
海尔施生物医药股份有限公司
博威集团有限公司
建新赵氏科技有限公司
宁波继峰汽车零部件股份有限公司
南亚塑胶工业（宁波）有限公司

图 1-4 2020 年度宁波市制造业纳税 50 强企业名录

（资料来源：宁波市人民政府网官网）

新时代工匠精神的新内涵究竟是什么？新时代的工匠精神不仅体现在传统意义上的工匠群体之中，而且作为我国由制造业大国向制造业强国迈进过程中所推崇的时代精神，完全有理由推及任何一种行业或职业群体。新时代的工匠精神不只是存在于制造业，而且也存在于服务业和管理领域，因为在广义上管理也是一种服务，是一种高水平和高要求的服务。现代的工匠精神不只是物质生产领域需要，精神生产领域同样需要。应该把工匠精神的培养作为我国社会主义物质文明和精神文明建设的重要内容。新时代工匠精神的新内涵主要有以下内容。

1. 现代工匠应回归“真善美”的价值取向

中国的改革开放政策使国家经济社会取得了长足的发展，但“投机取巧”“急功近利”等不良观念不同程度地阻碍了“中国制造”由量变向质变提升的道路。要改变这一现状，就必须发扬中国古代工匠所追求的真善美境界。真善美境界是中国古代工匠精神的价值追求，这是一种在物质生产、科技文明相对不发达时期出现的文明状态。从《礼记·礼运》所记载的“食草木之食，鸟兽之肉”到“刀耕火种”的农业方式，从简单的器物制作到制陶、纺织、舟车制作等原始手工业，无不体现了原始人类真、善、美朴素的统一与进化。氏族社会如“陶氏”“绳工索氏”“神农氏”“釜工氏”“巫氏”“屠氏”等，深刻体现出部落命运与技艺的紧密联系。“德为先，重教化”的中华文化精神之魂也深刻影响着夏商周出现的“百工”，史学家范文澜列举的受祀之神皆品德高尚、功勋卓著。中国传统文化的基本精神是教人如何“做人”，其中“道德”二字正是其精神之所在，而“善”则囊括了道德的内涵。因此，我国古代工匠的生产实践最根本的是道德实践，最高的艺术作品也必须以“至善”为前提，即所谓的“尽善尽美”。

2.现代工匠应体现“通艺通道”“德艺兼求”之境界追求

从庄子“技进乎道”到魏源“技可进乎道，艺可通乎神”，反映出古代工匠“通艺通道”的艺术境界要求，彰显由“艺”至“道”的通达。技艺虽可使匠人立足生存，但传统中国匠人并未局限于单纯的技艺，在中国传统文化“经世致用”的背景之下，视技艺为谋生手段的狭隘观念被突破。如朱子所言：“器者，各适其用不能相通。成德之士，体无不具，故用无不周，非特为一才一艺而已。”古代工匠在追求“通艺通道”的过程中，必然会呈现“德艺兼求”之旨趣，中国历来用德才兼备来察人、用人，《尚书·立政》记载，识人应“忱恂于九德之行”，古代工匠自然也倡导“德艺周厚”“德艺并求”。时至今日，“中国制造”所需要的也正是“德艺兼备”的现代工匠。

3.现代工匠应具备“守拙维新”“强勉而行”的职业精神

中国传统儒学提倡“守旧而又维新，复古而又开明”，这是在新旧观点和事物之间架起桥梁，是“守旧”与“创新”的辩证观点。在中国传统文化中“拙”与“巧”也体现出对立与统一，“谨守拙，慎交友”“崇俭养廉，守拙全真”“大直若屈，大巧若拙”“藏智而近拙，藏巧而近朴”等，无不体现出“守拙”与“出巧”的辩证关系，“拙”绝不是不知变通的死板，而是对本心的坚守，对做事的执着。在《诗经》中，有“如切如磋，如琢如磨”之言，只有“琢磨”之“拙”，才有工艺之“精细”，才有“拙能生巧，拙极巧来”。中国古代工匠正是因为“守拙”才有了无数的发明创造，如春秋战国时期鲁班发明了木工工具，魏朝马钧发明指南车、改造织绫机和水车，东汉蔡伦改进造纸术，北宋毕昇发明活字印刷术，沈括发明指南针等事迹诸代不绝。然而“守拙”不易，“维新”亦难，需要工匠具备“强勉而行”的职业精神。中国古代墨子特别注重职业道德行为的锻炼，认为“志不强者智不达”“雄而不修者，必惰”，他要求弟子躬行实践，反映出“自苦为极”的献身精神。同时，墨子主张“述而又作”的创造精神，在《墨子·耕柱》中写道：“古之善者则述之，今之善者则作之，欲善之益多也。"他认为应该继承传统文化中优良的东西，又要创造出新的东西，而且越多越好，这种主动改造世界、创造世界的意识正是中国古代工匠的职业精神。

4. 现代工匠应培养"兴利除害"的家国情怀

在手工业时代，掌握一种技艺固然可以使普通工匠获得个人和家庭的利益，但才华卓绝的工匠往往肩负着家族、部落甚至国家的利益，这是道德境界的升华，也正是墨家所倡导的"兴利除害"之精神。墨子提出"仁人之所以为事者，必兴天下之利，除去天下之害"，其目的是把"农与工肆之人"培养成有实用技艺的"兼士"，体现"为万民兴利除害"的家国情怀。古代众多能工巧匠心系民生、胸怀天下，如春秋时期鲁班用众多发明创造有力地促进了工程技术的发展，战国时期李冰父子修建都江堰，造就了沃野千里的天府之国，东汉时期毕岚发明翻车解决了农业灌溉难题，元代黄道婆改进纺织技术而"衣被天下"等，他们利用自己所掌握的先进技术为民谋利，促进了国家和社会的发展。《隋书·艺术列传序》中提到的"技巧所以利器用，济艰难者也"，也是普通工匠所倡导的仁爱之心，而"挟技居奇""恃己所长，专心经略财物"的所谓方技之士为人所不齿，这种因私而式微者被斥为"技之下者"。中国现代工匠也正需要"兴利除害""利国利民"的家国情怀，将个人的技艺融入国家的大发展之中。

我们应该挖掘传统工匠文化中"通艺通道""德艺兼求""守拙维新""强勉而行"的精神，形成符合我国国情的现代工匠精神与文化。"中国制造 2025"目标的实现不仅需要现代工匠们只争朝夕，也应该有"十年磨一剑"的耐心与定力，需要"体知躬行"地学习、"持之以恒"地实践，脚踏实地、砥砺前行。唯有如此，中国制造才能重回世界之巅。

三、高职教育要传承和弘扬工匠精神

人类社会的发展进步离不开对工匠精神持续深入的认识与精心培养、发扬光大，高职教育担当着这一重要职责。宁波职业技术学院阳明学院从实践中始终继承王阳明教育思想有关"以德为先""立志为先"的信念，将其融合于当今新时代的高职教育新阶段、高职教育新理念和高职教育新格局之中。阳明学院的实践表明：在职业技术技能人才培养过程中，工匠精神的培养有着无可替代的引领价值。职业教育在有效传承和弘扬工匠精神的引领价值方面，需要解决以下四个方面的认识问题。

1. 认识现代高职教育的战略观：全球化与垄断性

当今世界产业的全球化协作和壁垒化竞争错综复杂，这就需要我们具有全球视野，从战略高度认识工匠精神，既要有技术交流的开放胸怀，也要有知识产权的保护意识。要把对工匠精神的认识和国家意识、民族意识、时代意识和政治意识有机结合起来,把工匠精神作为培养新时代职业技术技能人才的重要内容。

2.认识现代高职教育的二重性:教育属性与产业属性

在现代,任何真正意义上的职业教育,都应既具有教育属性同时又具有产业属性。前者比较容易理解,后者是说职业教育本身也是产业的一部分,这是由职业教育与行业产业发展所具有的天然属性所决定的。我们不应仅仅把职业教育看作是服务产业发展的"支撑者",还要将职业教育本身视为现代行业、产业发展不可分割的重要组成部分。在现代,我们对职业教育的认识要有一个革命性的变革,应充分认识到强大的制造业需要强大的职业教育体系,强大的职业教育体系需要强大的现代工匠文化,而强大的现代工匠文化的核心内容之一就是工匠精神。

3.认识传承和弘扬工匠精神的基础:行业企业实践制度

现代学徒制是现代职业教育培养高素质技术技能人才的有效制度。国务院在《关于加快发展现代职业教育的决定》(国发〔2014〕19 号)中提出,开展校企联合招生、联合培养的现代学徒制试点,完善支持政策,推进校企一体化育人。教育部等六部委发布的《现代职业教育体系建设规划(2014—2020年)》中指出,有条件的企业试行职业院校和企业联合招生、联合培养的学徒制。为了推行该制度,教育部印发了《关于开展现代学徒制试点工作的意见》(教职成〔2014〕9 号),启动现代学徒制试点工作,并指出,逐步建立起政府引导、行业参与、社会支持、企业和职业院校主体育人的中国特色现代学徒制。因此,职业院校和产业企业共同承担着"工匠精神"培养的重任,要积极探究现代学徒制人才培养模式。因为现代学徒制能够更好地让学生接受和学习传统的工艺技术,领略职业教育文化,领悟工匠精神的真谛。现代学徒制不仅仅注重师傅对徒弟的言传身教,更重视在师傅传授技术、技能、技艺之"道"的过程中有效融入工匠精神的思想,真正做到使工匠精神内化于心并外化于行。注重由技术操作层面升华到精神领域层面,在人才培养方案中植入工匠精神培养指标,在课程体系中融入工匠精神要素。这种方式将经验技能和培养岗位能力的企业生产实践有机结合起来,真正实现"做中教、做中学"的人才培养模式。

4.认识高职教育的文化建设:要工匠精神,更要工匠文化

在"学而优则仕""劳心者治人,劳力者治于人"的中国传统文化里,我们缺失的是社会弘扬工匠精神的文化。社会没有建立支撑工匠精神的文化体系,也就失去了培养工匠精神的有效载体。目前,一些职业院校也在强调培养学生的工匠精神,期望学生拥有卓越的工匠品质,养成良好的工匠行为习惯,这本身是没有什么问题的,但由于学校本身技术技能底蕴薄弱,教学情境与实际职业岗位有着较大的差距,教学理念、实训设备、技术水平不能主动适应时代发展的需要,因

此，要想改变现状任重而道远。目前，相当多的职业院校“双师型”教师也缺乏工匠精神，在行业企业实习和生产实践等方面的经验不足，向学生灌输工匠精神的力度不大，传授弘扬工匠精神时还需要提高认识、强化举措、创新深化。只有这样，才能实现工匠精神在高职教育中的立志目标和文化价值。

第三节　现代工匠群体的高职培育途径

现代工匠和现代工匠精神教育，是现代高职教育必须解读和实施的重大课题，两者内涵各有侧重又密不可分。现代工匠和工匠精神的教育与培养，也要从课堂教学和技能实训两个方面齐抓并举。阳明学院教育引导学生树立和践行现代工匠精神的主要途径，就是从教学实际中正确处理好这二者的关系，进而取得了预期的满意效果。

一、教育学生把践行现代工匠精神作为毕生职业的追求

1. 工匠精神是指引学生职业成才的“光明之心”

王阳明在他生命的终点时，充满自信地感慨自己毕生修成的正果：“吾心光明，亦复何言?”高职教育在学生踏进校门的第一天起，就是要给学生灌输“把践行现代工匠精神作为自己毕生职业生涯的追求”的思想。当今时代，随着新工业革命的持续深入发展，机器人正在快速取代人类几千年以来所从事的手工劳动。可以预见，总有一天，机器人可以取代一切人类“手艺”类的劳动或工作。我们应该如何正确面对机器人取代工匠的现实与未来呢？其实，既无须担心，也不必惧怕，更不值得大惊小怪。因为工匠在任何时代和任何社会都不可或缺，工匠精神更是指引任何时代和任何社会生产与服务的“普照之光”。尽管工匠的劳动或工作可以被机器人取代，但工匠精神却是人类追求和创造精美生活、推动人类社会进步和文明进步的精神力量。

2. 工匠精神是学生接受职业教育的应有之义

工匠精神所蕴含的不仅是精益求精、一丝不苟的价值追求，也是追求卓越的教育和训练的内容，更是人类在长期进化过程中所升华出来的最具有价值的精神财富之一。尤其在教育界，有识之士纷纷呼吁：培养技术技能人才的职业教育必须是蕴含工匠精神培养的教育，培养工匠精神已经成为职业教育的应有之义。职业教育在培养技术技能人才的过程中贯彻工匠精神的培养有着特殊的教育价值与意义。实践表明，我们今天提及工匠精神，不仅意味着对传统工匠技艺的留恋回首，而且在一定意义上，也是培养与塑造理想职业人的重要内容和重要目标，更是对从事任何职业或工作都应具备的道德与良知的时代呼唤。

3.工匠精神是提升职教质量的“红色路标”

新工业革命的兴起必然引起以制造业为主体的产业的全面转型，而这种转型又必然要求与产业有着天然联系并为产业转型发展提供技术技能人才支撑的职业教育的转型。职业教育转型的本质是一种文化转型。在文化的本来意义上，任何职业教育的转型都属于文化转型的范畴，这种转型的动力源于生产制造模式的转型。职业教育转型要求职业教育必须进行文化转型，而工匠精神的培养在文化转型过程中发挥着价值引领的功能。因此，培养工匠精神对于职业教育有着特殊的价值，这种特殊价值表现在其具有的无可替代性上。为了实现职业教育的顺利和成功转型，有必要根据新工业革命的内在要求来对职业教育转型的本质进行科学的认识与全面的把握。在今天这个时代最突出的特征就是创新，创新是信息社会、网络社会、智能化社会的常态化特征。

基于文化理念来看，一种生产制造模式就是一种文化体系，就是一种被一部分人认可的相对稳定的关于生产制造的知识、技术、经验体系。该体系深刻地影响、改造和生产着人们的价值观、信仰、知识、技术、技能、制度、习俗、礼仪、思维方式、行为方式和社会交往方式等，并且存在于该生产制造模式下的生产制造过程、产品流通过程和消费服务过程，各种各样“物质性”的存在也都无不折射出该种文化体系的光彩。工匠精神属于生产制造文化中理念文化的内核部分，职业教育的转型能否顺利和成功，不仅取决于我们对现代工匠精神应有的科学内涵的认识程度深浅，而且取决于我们培养工匠精神实践的水平高低。因此，在职业教育中必须开展工匠精神的培养工作。

阳明学院将工匠精神融入思政课程如图1-5所示。

图1-5　阳明学院将工匠精神融入思政课程

二、高职院校把建构教学模式作为培育现代工匠精神的价值取向

工匠精神的培养是一项国家战略层面的系统工程，因此，需要全社会的共同参与和不断努力。就目前职业教育的情况来看，我国职业教育在工匠精神培养过程中价值相关者主体（尤其是行业企业主体）严重缺位，价值相关者主体的参与度与职能发挥的空间非常有限。我国职业教育在工匠精神培养过程中严重缺乏价值相关者主体之间的有效协同，在技术技能人才培养课程中缺乏工匠精神的内容与实践。为了主动适应新技术革命、信息时代、“互联网＋”、大数据、智能制造发展的需要，作为为现代生产制造与服务业培养技术技能人才与一线管理人才的现代职业教育，应在更加广阔的领域与更加深入的层面与科学技术密切融合。职业教育的培养目标不仅应该主动适应科技革命与制造业转型发展的需要，将科学技术与新工业革命的素养与知识作为职业技术技能人才培养目标的要素，而且应该将新时代工匠精神的培养贯穿职业技术技能人才培养过程的始终。针对上述情况，急需探索一种在中国文化背景下具有中国特色的职业教育的“工匠精神”培养模式。

1. 基于价值相关者主体的“工匠精神”协同培养模式

关于培养模式，需要指出的是，一种模式之所以能够成立，不仅仅由于它具有区别于已有模式内在的规定性，而且也由于其具有相对的稳定性——因其价值被一定主体所认可而在一定范围内被人们普遍接受并付诸实施。简而言之，一种模式的成立条件既有其质的规定性又有其量的规定性，是质与量的辩证统一。工匠精神培养的核心问题始终是由谁培养（培养主体）、以何培养（培养课程）和如何培养（培养方式）的问题。在特定的文化圈中，一定有与该文化相适应的培养模式。目前，我国职业教育在工匠精神培养方面已经积累了不少实践经验，在大量的工匠精神培养模式的探索中，探索者所关心和追求的最高问题始终是：哪些培养模式对于职业教育培养工匠精神来说是最有价值的？从职业教育与工匠精神关系的本来意义上来说，这种最有效的培养模式应该是协同培养模式。

中国特色现代学徒制是政府引导、行业企业参与，依托校企深度合作兼顾系统理论学习和岗位实践训练的一种人才培养模式。它体现了学校教育与企业岗位培训协同培养技术技能人才的内在要求，实现产教的深度融合。其核心是校企双方主体育人，学习者具有学生与学徒的双重身份，实现岗位培养和在岗成才。可以肯定，这种学徒制与工匠精神的培养具有机制上的高度相通性。现代学徒制的有效开展为职业院校培养学生的工匠精神创造了必要而且充分的有利条件。在全社会普遍重视职业教育和弘扬工匠精神的背景下，这种协同培养的

机构主体主要有职业院校、行业企业和科研院所。协同培养主要体现在以下六个方面:一是工匠精神培养理念协同;二是工匠精神培养目标协同;三是工匠精神培养课程协同;四是工匠精神培养经验协同;五是工匠精神特色活动协同;六是工匠精神培养制度协同。

2. 基于实训基地价值管理的"工匠精神"培养模式

由于职业教育文化与行业企业文化的长期相对分离,导致了我国在职业教育校企合作方面存在严重障碍。为了克服这种障碍,建立跨越职业院校与行业企业的实训基地就显得非常必要。经过国家与地方的财政投入与部分行业企业的投入,现阶段几乎所有职业院校的实训基地都具备了基本的实习实训条件,能够满足学生实习实训的要求。但由于管理水平不高,导致了实训基地功能与价值的发挥严重不足,造成了实习实训资源的极大浪费。因此,急需对现有的实习实训基地进行价值管理。

所谓价值管理,是指以价值评估为基础、以价值增长为目的的一种综合管理模式。目前,从功能角度来划分,我国职业院校现有的实习实训基地大致可以划分为教学型、生产型、教学生产型、生产教学型四类。从技术技能人才与工匠精神培养的实效性出发,有必要对现有的实习实训基地进行功能性的改造,即主要向教学生产型与生产教学型转型。因为只有这样才能真正满足技术技能人才与工匠精神培养的需要,职业教育实训基地的价值也才能够真正得以挖掘与发挥。诚然,工匠精神的培养仅仅依靠实训基地是远远不够的,但这是基于中国职业教育目前现实的一种选择。现在看来,这种选择既是必要的,也是长期的。我们不妨把这种基于实训基地的工匠精神培养模式称为过渡模式。工匠精神的培养是一个长期的过程,不仅体现在职业院校学生的学习期间,更要体现在其毕业之后的职业生涯里。

实践表明,让职业院校学生在真实的行业企业实习实训中体验和领悟工匠精神是实施工匠精神培养的一条有效途径,行业企业实践是工匠精神培养与传承的现实基础。工匠精神不是教师在学校的课堂里仅用口头或书面阐释就能让学生掌握的,这种精神只有在真实的工作情境与职业实践中才能内化为学生的职业素质,要多给学生在学校、企业中实训以及挂职锻炼的机会,要深入开展校企合作,产教融合。让学生到企业里去实习,在真实的职业情境和与真正"工匠"的职业互动中切身感受企业文化,提高学生的职业素养。由此看来,职业院校的专业课教师、实习实训指导教师和行业企业的指导老师的工匠精神及其言传身教的能力就显得非常关键。

综上所述,工匠精神是职业人最核心的灵魂。如果在职业技术技能人才的培养目标中没有工匠精神,那么其课程和教学就难以有机融入"极致"和"完美"。

在技术技能人才培养方面，要实现真正的校企一体化融合，而不只是停留在合作的水平上。在行动上，因为新工业革命最显著的特征是智能化，而智能化的生产系统需要的是高度复合的专业技术技能人才，这就需要对职业教育的人才培养课程与培养模式进行重大的改革。在我国现阶段，应该将"大众创业，万众创新"贯穿于职业技术技能人才培养的全过程，在新工业革命理念下建设中国特色现代职业教育的文化体系。

第二章　知行合一：高职教育“阳明模式”的定位体系

十年耕耘，立德树人。宁波职业技术学院阳明学院坚持知行合一，注重学生在实践中成长成才。这一现代职业教育的成功之道，得益于对余姚先贤王阳明教育思想的传承。王阳明教育学生要知行合一，“未有知而不行者，知而不行，只是未知”，强调“人须在事上磨炼做功夫，乃有益；若只好静，遇事便乱，终无长进”。王阳明这些论述虽主要是讲德育，讲修身进德，但对今天教育的各个领域仍具有启发意义。阳明学院在高职教育目标定位体系建立完善进程中，充分吸收“知行合一”的内在精髓，并发扬光大这一教育思想的当代价值。阳明学院独具特色的校企合作和教研结合也反映了理论和实践的统一与深化。

第一节　高职人才培育模式释义

高职人才培育模式是建立高质量职业教育体系的基础，其实施的成果不仅体现在为技能型社会提供人力资源支撑，也体现在书写了众多高素质毕业生“技能改变人生”的精彩故事上。不断完善现代职业教育制度，创新各层次各类型职业教育模式，能激励更多劳动者走技能成才、技能报国之路，推动建设高素质劳动者大军的进程。

在现行高职教育模式定位系谱中，各地方、各层级的高职院校根据当地经济、产业、文化、教育和习惯等不同情况与条件，因地制宜、因校制宜地探索实施各类职教模式。校企共建生产性实训基地、开办“工学一体”订单班等办学新模式层出不穷，职业教育产教融合水平不断提升；还有的地方职业教育虚拟仿真示范实训基地主体建设基本完工，设计规模可同时容纳 1 万名学生实习实训。中国高职教育正建设成为世界规模最大、类型最全的目标体系，由此带来的相关改革举措不断涌现，职业教育不仅实现了历史性跨越，未来的发展更令人期待。

一、新阶段高职教育培育模式的根本要求

2021 年的全国职业教育大会是在建党 100 周年、“十四五”规划开局之年、

开启全面建设社会主义现代化国家新征程的重要时刻召开的重要会议，为新阶段职业教育改革发展指明了前进方向、提供了根本遵循。准确把握和领会相关指示和大会精神，需要着眼于国内、国际两个大局，进一步解放思想、提高站位，从立足新发展阶段、贯彻新发展理念、融入新发展格局的高度，全面深化对职业教育的认识。大会指出“实体经济是我国经济的重要支撑，做强实体经济需要大量技能型人才”“发展职业教育前景广阔、大有可为”。职业教育是培养技术技能人才、促进就业创业创新、推动中国制造和服务迈上更高水平的重要基础，无论是应对百年未有之大变局这一世界之变、时代之变、历史之变，还是实现中华民族伟大复兴这一百年梦想，都必须把加快发展现代职业教育摆在更加突出的战略位置上，纳入社会主义现代化建设的总体部署，推动职业教育与经济社会同步发展，为全面建设社会主义现代化国家提供坚实的技术技能人才支撑。新时代高职教育模式的建构和完善也必须遵循这一指导思想。总体来说，对现阶段高职教育模式有下列根本要求。

1. 坚持社会主义办学的方向

这一指示“要坚持党的领导，坚持正确办学方向，坚持立德树人”，深刻阐释了职业院校办学的根本保障、根本方向和根本任务。首先，党的领导是根本保障。只有坚持党的领导，才能确保中国特色职业教育沿着正确的方向不断开拓创新，才能不断坚定中国特色职业教育发展的道路自信；只有实现党的全面领导，落实好“把方向、揽全局、抓思想、建队伍、促党建”的总要求，才能把党的建设和思想政治工作优势转化为职业教育改革的发展优势。其次，要坚持面向市场、服务发展、促进就业的办学方向，如此方能确保职业教育与经济社会发展同频共振，彰显职业教育面向市场、面向能力、面向社会、面向人人的本质属性。最后，要落实立德树人的根本任务，探索符合自身特点和规律的、学生喜闻乐见的思想政治工作体系和方法，培养德智体美劳全面发展的社会主义建设者和接班人。

2. 坚持类型特色化发展的模式

全国职业教育大会深化了一个共识，即要按照职业教育规律办职业教育。“职业教育和普通教育是两种不同的教育类型，具有同等重要地位”，这是中国教育理念的一次重大变革，是党和国家把握教育发展规律、职业教育办学规律、人的全面发展规律作出的一个重大判断，揭示了职业教育的独特作用和本质属性，体现了党中央对大力发展职业教育、培养高素质劳动者和技术技能人才的坚定决心。比如，在逻辑起点上，强调“优化职业教育类型定位”；在发展路径上，强调“深化产教融合、校企合作”；在关键改革上，强调“深入推进育人方式、办学模式、管理体制、保障机制改革”；在发展重点上，强调“稳步发展职业本科教育，建设一批高水平职业院校和专业”；在发展要求上，强调“推动职普融通，增强职业教育适应性，加快构建现代职业教育体系，培养更多高素质技术技能人才、能工巧匠、大国工匠”；在战略价值上，强调“为全面建设社会主义现代化国家，实现中华民族伟大复兴的中国梦提供有力人才和技能支撑”。

二、新阶段高职教育培育模式的基本内容

全国职业教育大会提出，新阶段职业教育改革的总体任务是：全面贯彻党的教育方针，落实立德树人的根本任务，打造纵向贯通、横向融通的现代职业教育体系。这与“十四五”规划纲要明确的“建设高质量教育体系”总体要求相一致，也是构建现代职业教育体系，推动职业教育高质量发展的核心目标和逻辑主线。在贯彻落实中，既要牢固树立系统观念，在认识上加强前瞻性思考，在工作上加强全局性谋划，在规划上加强战略性布局，在落实上加强整体性推进，还要聚焦重点难点，找准加快构建现代职业教育体系的着力点和突破口。

1. 树立科学的职业教育发展理念

有什么样的理念就会有什么样的实践。高等职业教育是国民教育体系的重要组成部分，是一种具有不同层级的类型教育，必须遵循技术技能人才的培养规律，进一步解放思想、更新理念，巩固和坚持职业教育的类型定位。要做到这一点，需准确把握职业教育的本质属性，具体有以下四点。

一是职业教育是面向市场的就业教育。早在100多年前，黄炎培就说过，职业教育的目的是“使无业者有业，使有业者乐业”。服务发展、促进就业的办学方向，决定了职业教育必须以市场需求为导向，紧盯企业需求，紧盯市场信号，市场和就业需求发生变化，职业教育的专业设置和教学方式就应及时调整。一方面，要推行产业规划和人才需求发布制度，引导学校紧贴市场和就业形势，动态调整专业目录，通过差异化投入、政策项目引导等方式，鼓励学校更多开设紧缺的、符合市场需求的专业，帮助学生实现更高质量的就业。另一方面，还要开展大规模职业技能培训，全面提升劳动者职业技能和就业创业能力，帮助更多的劳动者特别是青年劳动者实现更高质量的就业。

二是职业教育是面向能力的实践教育。实践教育是职业教育区别于其他类型教育的显著特征。实习实训是实现职业教育培养目标、锻炼学生实践技能的必要途径，真实的工作环境、生产一线和操作过程是职业教育人才培养质量的关键影响因素。从发达国家的经验看，虽然教育教学模式各不相同，但都以培养实践能力为核心。但是，由于设施设备、技能教师缺乏等原因，实践教学成为我国职业院校的教学难点。构建现代职业教育体系，必须围绕培养实践能力这个关键点，坚持产教融合、工学结合这一基本办学模式，优化实践教学体系，完善实习实训考核办法，把专业建在产业链上，把课堂设在生产服务一线，做到实践课时

占总教学课时的一半以上，确保学生足额、真实地参加实习实训，让学生在实践中增长才智、提升技能。

三是职业教育是面向社会的跨界教育。职业教育与经济社会发展联系最为紧密，跨越了职业与教育、企业与学校、工作与学习的界域。职业教育的改革发展不是教育部门一家能承担的任务，必然涉及经济发展、社会稳定、劳动就业、行业企业等多个部门和社会机构，因此，必须跳出“教育看教育”“学校看学校”的思维定势，用系统思维建立职业教育统筹发展的机制，把企业、院校、行业和政府的各类资源有效整合起来，推动职业教育由政府举办为主向政府统筹管理、社会多元办学的格局转变。而且还要参照普通教育办学模式向社会参与、专业特色鲜明的类型教育转变，使其层次结构、规模结构、专业结构、办学结构及其各个分系统，与社会、经济、人力资源需求相匹配。

四是职业教育是面向人人的终身教育。职业教育是提升人力资本、增强职业能力的重要渠道，是促进人的全面发展、社会全面进步的重要途径，必须始终面向社会各个方面、面向各个群体、面向每个人，不仅要让每个人都享有接受教育的机会，而且要让每个人都有人生出彩的机会。在连续两年的高职扩招之下，退役军人、失业人员、农民工、高素质农民和企业在职员工，已成为高职院校的重要生源。2020 年，社会生源数量为 122.6 万，占比达到了 23.38%，充分体现了职业教育作为终身教育的特点。要坚持学历教育与非学历教育并举并重，坚持职业教育与普通教育、继续教育协调发展，特别是要发挥好国家开放大学终身教育、灵活教育这个重要平台的优势，共同满足社会成员个性化、多样化、终身化的学习需求，服务全民终身学习，建设技能型社会，畅通面向人人的职业教育和培训渠道，使人们获得自身发展和造福社会的能力，过上有尊严的幸福生活。

2. 构建一体化高职教育体系

高职院校职业教育体系是现代职业教育体系的主要组成部分，一体化的院校职业教育体系是职业教育成为一种类型教育的基本前提和重要支撑，主要实施方法有以下两个。

一是健全职业院校体系。完善的现代职业教育体系首先应具备完善的职业院校体系，包括职业中等教育和职业高等教育，其中职业高等教育又包含了专科和本科层次。因此，建设高质量的现代职业教育体系，必须设计一体化的职业学校体系，科学发展各级各类学校职业教育。目前，我国职业学校体系不健全的问题已经相当突出。要持续巩固中职学校的基础地位，进一步夯实专科层次职业教育的主体地位，稳步发展本科层次职业教育，加快结构合理、定位清晰的职业学校体系的建设，实现职业中等教育、专科层次职业高等教育、本科层次职业高等教育自下而上的无缝衔接，一体化、系统化地培养高素质技术技能人才。

二是完善教学标准体系。标准具有基础性、门槛性作用,高质量发展需要高质量的标准体系支撑。在迭代更新旧标准的同时,要按照职业教育高质量发展的要求,进一步健全职业教育标准体系,结合贯彻落实2021年召开的全国职业教育大会精神和“十四五”规划纲要精神,对标产业发展、民生改善,加快完善专业、教学、课程、实习、实训条件“五位一体”的职业院校办学标准,促进不同层次职业教育培养标准、内容的有机衔接,保障不同主体办学的基本质量。遵循教育部定期颁布的中职、高职、本科职业教育一体化设计的专业目录,设计融入新技术、新业态、新职业等职业教育发展的新要求,同时制定与之配套的专业教学标准,为构建纵向的职业教育人才培养体系提供依据。高职院校也应据此尽快优化专业设置、调整培养方案、更新培养内容,要加强对标准落实情况的监督检查,及时发现和纠正存在的问题。

第二节 高职教育“阳明模式”概述

党的十九大开启了优先发展教育、加快教育现代化和建设教育强国的新征程,我国职业教育发展进入新时代。

2021年经第十三届全国人大常委会第二十八次会议审议,《中华人民共和国教育法》第五条修改为“教育必须为社会主义现代化建设服务、为人民服务,必须与生产劳动和社会实践相结合,培养德智体美劳全面发展的社会主义建设者和接班人”,将党的教育方针落实为国家法律规范。党中央进一步完善党的教育方针,使培养什么人、怎样培养人、为谁培养人的方向更加鲜明、内容更加完善、要求更加明确,充分体现了党的创新理论成果,在我国教育史上具有标志性意义和深远影响。宁波职业技术学院阳明学院深刻理解新时代全面贯彻党的教育方针和重大意义,深刻把握教育工作的政治属性、宗旨方向、目标任务,坚持以习近平新时代中国特色社会主义思想为指导,坚持马克思主义指导地位,坚持党对教育工作的全面领导,坚持社会主义办学方向,坚持教育为人民服务、为中国共产党治国理政服务、为巩固和发展中国特色社会主义制度服务、为改革开放和社会主义现代化建设服务,扎根中国大地(宁波余姚)办教育,同生产劳动和社会实践相结合,推进教育现代化、建设教育强市、办好人民满意的教育,努力培养担当民族复兴大任的时代新人,培养德智体美劳全面发展的社会主义建设者和接班人。阳明学院对标党的教育方针,深入落实立德树人的根本任务,抓住全面提高人才培养能力的重点,将党的教育方针有效融入教育行政管理、办学治校和教育教学的全过程,把牢政治方向、清理制度规范、校正误区偏差,使学院教育更加符合教育规律和人才成长规律。阳明学院以党的教育方针高质量地贯彻提升“四为”服务能力，立足新发展阶段、贯彻新发展理念、服务构建新发展格局，扎实推进技能型社会建设，更好地服务和支撑区域高质量发展需要。阳明学院的发展模式具有以下三个鲜明特点。

1. 立足本来，不忘职业教育的本质属性和以人为本的基本原则

高职院校的“本来”体现在两个方面：一是既姓“高”又姓“职”，二是要以学生和教师为本。

姓“高”是高职院校在现代职业教育体系中的纵向定位。2014 年教育部等六部委颁布的《现代职业教育体系建设规划（2014—2020 年）》提出，职业教育层级有初等职业教育、中等职业教育和高等职业教育，高等职业教育在办好现有专科层次高等职业（专科）学校的基础上，发展应用技术类型高校，培养本科层次职业人才。高职院校的“高等性”，要突出文化育人功能，培养高素质技术技能人才。姓“职”表明高职院校所属的教育类型，是横向定位。为了分类管理，横向可分为综合性、多科性、特色性，纵向可分为学术研究型、应用研究型、应用技术型、应用技能型，构成“3×4”宫格，每格对应一定数量的院校。

阳明学院以学生和教师为本，是高职院校办学的两个指向。高职院校要通过改革创新，全面培养经济社会转型升级所需要的技术技能型人才，为学生高质量就业服务。为此，阳明学院与企业合作，举办订单班、采用双证书制和现代学徒制等人才培养模式，实现高质量就业。教师是教育活动中的主体，教师的幸福生活是提高职业教育质量的保障。阳明学院通过提高各项收入福利待遇来提高教师生活水平，建立起一支高质量的稳定的师资力量。“不忘初心、方得始终”。只有不忘记高等性、职业性的本质属性和提质培优的根本任务，抓住服务“学生高质量就业”与“教师幸福生活”的两大办学指向，高职院校才能培养出经济社会需要的高素质劳动者和技术技能人才。

阳明学院办学十周年庆典合影照如图 2-1 所示。

图 2-1 阳明学院办学十周年庆典合影照

2. 服务外来，呼应国家发展战略、地方发展和行业企业需求

“外来”是指高职院校办学的社会发展现状和外部环境。发挥自身优势，服务国家战略、地方经济发展和行业企业发展，是阳明学院发展的价值体现和内在要求。

高职院校要服务国家重大发展战略，积极应对、主动作为。为响应“中国制造”，国家“一带一路”倡议，以及配合中国企业“走出去”的目标，院校应主动对接区域行业企业发展要求，培养当地需要的技术技能人才，才能实现高职院校办学的初衷。服务行业企业发展是高职院校的内在要求。阳明学院中的大部分专业诞生于行业企业，服务行业企业是这类专业重要的办学目标。在产教融合深化过程中，校企共建高技能培训中心，面向企业员工开展技能培训；共建产学研发展中心，面向企业、街道社区开展服务。如 2021 年 7 月在第七届全国机器人暨智能人才峰会召开期间，阳明学院对接的余姚造机器人在会场进行了展示。机器人——余姚造如图 2-2 所示。

图 2-2　机器人——余姚造

3. 面向未来，做大培训、做好启蒙、补足科研

信息化、智能化已经掀起制造业整体变革升级的浪潮，面对新时代、新技术和新挑战，阳明学院办学模式定位还具有前瞻性，即面向未来，做大培训和做好启蒙是未来发展的着力点。

在办好全日制高职教育主体的同时，面向社会办学也是一个重要内容。举办社会培训，服务政府与行业部门，如承办各类系统技能培训、新技术推广、高科技讲座等。职业启蒙教育是对中小学生开展以职业体验、职业指导为主要内容的教育形式，对中小学生开展职业启蒙教育有利于学生树立正确的职业理想。补足科研短板是提升高职教学质量、增强高职教育服务能力的重要途径。面对

技术革命和产业转型升级，阳明学院注重补足科研工作这一办学短板。

案例：阳明学院“产训研学”一体化训练班

2021 年 6 月，“产训研学”一体化训练班教学实训工作圆满收官。6 月 3 日，浙江大学教授、浙江大学机器人研究院副院长赵川平，宁波职业技术学院党委委员、副校长周永明，宁波职业技术学院阳明学院院长王正才等共聚一堂，在余姚机器人小镇召开训练班结业研讨会。会上，双方对本学期培训班工作进行总结研讨，同时就后续的深入合作展开讨论，并在科研、课程研发与改革、技能证书考证等方面达成初步意向，双方均表示对后续合作的落地和深化充满期待，下一步将充分发挥各自优势资源，相互协作实现共赢，共同推进余姚本地智能制造高素质技术技能人才的培养和输出。此次训练班由余姚人才创业园、浙江大学机器人研究院、宁波职业技术学院阳明学院联合打造，自 2021 年 3 月第一批班级开始，至 2021 年 6 月最后一批班级结束，共培训 289 名学生，包括人工智能类、机械制造类、机电一体化类等专业，这些学生前往浙江大学机器人研究院学习智能制造类专业实训课程。阳明学院“产训研学”一体化训练场景如图 2-3 所示。

图 2-3　阳明学院“产训研学”一体化训练场景

本次培训班围绕当地主导产业转型升级对高端技术技能人才的需求，依托浙江大学机器人研究院的教学资源，基于余姚机器人及智能装备产业创新服务综合体的教学设备，根据学生专业类型及年级定制化编排产教融合的现代学徒制课程，开展“智能制造技术基础”“机电设备安装、调试”“智能小车”“工业机器人应用”等课程，构建理实一体化的教学新模式，让同学们在理论联系实际的课程学习中收获知识技能、提升职业素养，打造契合本土产业发展的高素质高技能人才培训高地。

第三节 “阳明模式”高职人才的基本特征（双创教育）

阳明学院的高职人才培养模式，在创新创业教育领域，经过积极探索实践后取得有效成果，主要体现为“双课融通、四步为营”的新模式。

高职院校“双课融通”创业教育是面向所有学生的创业素养教育。“双课融通”的实质是消除创业课程和专业课程之间的隔膜，将两者的教学过程有机地融为一体。高职院校“四步为营”创业教育是面向已经创业或有创业意向的学生进行的创业能力教育。“四步”是指创意激发训练、项目催生训练、成果孵化训练、企业运营管理训练四个创业能力训练环节。“营”是指为创业实践基地配置的创业设备、设施和师资，以及对学生施加创业能力训练和创业指导的总称。“四步为营”创业实践教育模式是指按照军队训练的要求，在创业实践基地，对学生逐步进行激发创意、项目催生、成果孵化、企业运营管理等训练，以强化学生的创业能力，并促进高职院校学生的实际创业项目或模拟项目步入商业运营轨道。

在实施这一培养模式的过程中，阳明学院重视和落实以下三个关键节点。

1. 推进创业教育新模式的新策略

打造高职院校创业教育和实践平台，深化人才培养模式改革。高职院校应从七个方面打造创业教育和实践平台。一是整合校内资源，全力打造学生创业教育和创业实践的核心平台——创业基地，为学生提供创业培训、创业指导和服务。二是加强“双课融通”，使专业课程教学课堂成为高职院校创业教育的重要平台。三是加强高职院校社团建设。学校提供场地、资金、人力等，扶持以专业为依托的众多创业社团发展，支持学生举办创业沙龙、创业讲座等社团活动，营造高职院校校园创业文化氛围，激发学生的创业潜质和热情。四是让学生积极参与创业竞赛和职业技能竞赛。高职院校积极承办和组织学生参加各种创业大赛和职业技能竞赛，在校内举办跨学科创业方案设计大赛，促进学生管理知识和生产知识的融合。五是开设创业讲坛，聘请创业教育专家、政府官员、创业者、本校创业教师举办讲座，传播创业知识，分析创业案例，解析国家创业政策，分享创业经验。六是引入 GYB(generate your business)和 SYB(start your business)创业培训，组织学生培训和认证。七是倡导和鼓励学生勤工俭学和社会实践，增加学生与企业谈判、与客户交流的机会，培养高职院校学生捕捉商机的能力。

2. 健全创业教育保障措施，切实推进创业教育

阳明学院从四个方面来完善创业教育保障体系。一是争取政府支持，学院成立专门的二级机构，配备专人负责与政府对接，把政府支持大学生创业的政策用好，及时解决学生创业的困难。二是深化校企合作，引入愿意支持大学生创业

的专业公司，公司设立创业基金，专业化指导和管理创业项目，成为高职院校学生创业的孵化器。三是依据自身规模投入足够的创业专项资金，更新改造创业基地和购置设备，同时，还把产学研中心、二级院系的教师工作室和应用技术研究所等纳入创业基地统一管理，使基地具有创业培训、创业管理、政策指导、工商注册、项目策划、管理咨询、融资、技术鉴定等综合服务功能；明确规定教师队伍建设、绩效分配、人才培养方案、专业课堂教学和实践教学、学生学籍管理、学生活动、社团等对创业教育发挥应有的作用，以切实推动“双课融通、四步为营”创新创业教育。四是加强校园创业文化建设，弘扬创业精神、宣传学子创业历程和回馈母校的感人事迹、树立创业榜样。

3.深化教学改革，加强“双课融通”创业教育

“双课融通”是一个人为控制而非自然的过程。它应在教学制度、人才培养方案和教学计划等纲领性文件中固化专业教学的创业教育功能，使专业教学隐含的创业教育成为一种有计划、有意识的教育活动，促使专业教学中隐含的创业意识、创业精神、创业人格特质等隐性知识教育落地生根。高职院校可以通过以下三个措施来实现“双课融通”。一是深化教学制度改革，把创业教育纳入人才培养方案、课程体系、课程内容体系、课程教学大纲，在教学制度中固化创业教育。将“大学生创新创业教育”“企业营运管理”“经济活动分析”等显性创业知识课程纳入专业课程体系，统一安排教学，同时保持其自身的完整性和独立性。创业意识、创业精神、创业人格特质等属于隐性知识的范畴，将其固化在教学制度的文件之中，使师生在专业教学过程中对创业隐性知识教与学的自然行为转变为有计划的行动，促使创业隐性知识显性化，这是“双课融通”创业教育的精髓。二是深化教学方法改革，充分发挥专业教学的创业教育功能。改革课堂教学方法，广泛运用探究式教学、项目教学等新的教学方法，激发学生的自主性。把创业知识融入专业课程，并非直接把创业知识植入专业课程，而是在专业课程教学过程中，有意识地要求教师通过自己的言行、品德、教学方法等影响学生，以培育学生的创业素质。改革专业实践教学方法，依托产业价值链龙头企业，全力打造全价值链校企联盟，建立“生产型”专业实践教学基地，按照企业生产经营的要求，配置生产要素、布局实训现场、制定管理细则、设计实训流程，以项目或任务驱动实践教学，增强学生对企业生产经营管理活动的认知。三是加强教师队伍建设，增强教师的创业教育能力。学校通过招聘、外聘、校企合作，建立专兼职教育教师队伍；通过创业培训、课程轮训、骨干研修等，支持教师创业或到企业锻炼，从多角度多方面培养教师的创业教育能力。

第三章　学以致用：高职教育“阳明模式”的目标体系

王阳明先生深谙教育规律，认为“人要随才成就，才是其所能为”，并启发了此后姚江学派、浙东学派“经世致用”“学以致用”的主张。宁波职业技术学院阳明学院深刻领悟高职教学的双重属性，一手抓专业学习，一手抓技能培养，目标清晰，学用结合，提质培优。十年磨剑，阳明学院牢牢把握高职人才培育“学以致用”的方向，坚持实际教学的目标体系建设，重视国家职业教育资历框架与能力标准的落地衔接，激发学生潜能，优化学生的个性化职业规划，帮助学生找到最佳的就业岗位。

第一节　高职人才定标的政策框架

建立相对完整与独立，同时又能与普通教育、继续教育相互衔接、融通的现代高等职业教育体系是近年来国家职业教育改革的重要方向。而国家资历框架构建一直是现代职业教育体系构建的重要依托和参照平台。从纵向来看，资历框架中职业性和学术性资历等级的纵向延伸及不同阶段资历等级间的有机衔接，为职业教育体系纵向序列的形成提供了基础与框架，职业教育这一教育类型的内部等级间的衔接贯通关系由此得以明晰。从横向来看，职业教育领域学历资格或职业资格与其他领域资格间的等值关系、互认标准及转换关系的确认也主要参照资历框架中的资格标准体系。资格标准体系中各资历等级的“知识、技能、能力”标准，即（通用）等级标准间的相互作用关系构成了各级各类资格间具体衔接、融通操作的实质内容与基础。

一、高职人才（毕业生）的资历框架标准

资历框架作为国家层面囊括各级、各类资格的基准体系，是所有教育标准制定所参照的“母标准”，同时，其对具体教育实践活动的指导及影响作用还需要通过进一步具体化的“子标准”来实现。对于职业教育来说，这个“子标准”就是职业能力标准，职业能力标准在（通用）等级标准的基础上建立，遵循资历框架中的

标准制定、运用的基本导向，同时又融合职业教育类型特征的具体要求，是健全现代职业教育体系、实现职业教育纵向贯通和横向融通、链接职业人才需求、培养与评价三大体系、保证职业教育人才培养质量与结构、实现产教融合的重要基础，也是解决当前“1＋X”证书制度中核心问题的关键。如今的技能人才，需要掌握更多的跨界技能，如图 3-1 所示。

图 3-1　培养具备跨界技能的人才

1. 以统一跨领域教育为目标，确立职业教育资格与普通教育资格等值

世界各国构建统一资历框架的主要目的之一，就是要改变原有多元资历体系分立的状态，将各级各类学历资格和职业资格纳入统一的等级序列框架中，为各类资格的认证、评估及相互间融通提供同一平台。统一资历框架中的能力标准体系，作为国家层面上适用于所有教育领域的综合性基准体系，为该平台的运转确立了规范化轨道。能力标准体系中的各级、各类标准要求在指导相应具体学科或职业领域资格标准制定的同时，不同等级、类型资格标准相互间在总体及知识、技能、能力等具体维度要求上的衔接和贯通，则能够为教育实践领域的融通工作提供制度上的依据和操作上的参照。职业能力标准基于资历框架中的标准体系建立，在标准构建的学习成果导向、标准构成的维度划分、不同类型资格的衔接机制等方面一脉相承，继而深入职业教育教学实践领域，实现不同领域资格在专业教学和课程实施等层面的深度融合。

2. 以实现制度与培养对接为目标，形成现代高职教育的能力基准线

现代职业教育体系的健全离不开构建国家资历框架这一大视野。国家资历框架主要囊括了来自普通教育、高等教育、职业教育与培训及各级各类非正式、非正规学习过程的标准化学习成果，并最终表征为学历教育资格证书和职业资格证书两种正式的资格证明形式。其中职业教育与培训作为在提供主体上横跨职业教育、职业培训的学校系统与社会系统，在培养目标上以面向职业世界为主，同时也兼顾升学的跨界教育类型，其学习成果所在等级的跨度及囊括资格类

型的范畴相较于其他类型的教育来说都更大，可授予的资格类型包含了大部分的职业资格，并且实现在学历资格授予上的纵向延伸。职业能力标准为职业教育体系内部各级各类学历资格和职业资格的授予划定“红线”，从而保障了职业教育与培训质量。只有搭建了资历框架机制及职业能力标准体系，才能真正实现现代职业教育体系的纵向贯通与横向融通。

3. 以贯通职业界与职教界为目标，构建产教融合的平台

职业能力标准作为联结人才需求与教育供给的综合性标准，反映了人力资源市场的需求，是对教育、培训及学习成果的具体要求。长期以来，我国人才供需的矛盾较为突出，办学首先满足的需求并非社会发展对人才的质量和结构需求，而是升学需求、学历需求。国家层面多个重要文件大力倡导深化产教融合的核心目的就在于解决我国当前社会人才供需的突出矛盾。相比于普通高等教育领域，产教融合对于职业教育而言犹如水之于鱼，是职业教育存在的本来之意，具有最大的迫切性，同时也更具实现的可能性。目前来看，我国职业教育产教融通实现过程中最根本的问题，还在于作为人才质量参照平台，联结人才培养供需两端的能力标准体系的建设还不充分。基于时代背景探索职业能力标准，在理论上可以分析产教融合背景下资格标准体系的建设规律，丰富产教融合和学习成果理论；在实践上可以回应当前产教融合、健全职业教育人才培养质量标准等关键问题，明确职业教育的真正需求，探索实现产教融合和提高人才培养质量的核心要素与可能路径。

4. 以链接高职院校与对应企业为目标，融通职业标准与教学标准

我国专业教学标准在开发内容上参考了职业标准的要求与内容，但由于专业相应的职业面更宽，所培养的综合职业能力也更广泛，两类标准之间的对接机制还比较模糊，没有形成系统完整的衔接模式，需要发展跨界的职业资历（能力）标准，为职业界的要求顺利转化为职教界的课程提供坚实基础。尤其是当前现代学徒制的全面开展，更加要求企业对教学内容标准的开发，企业学习阶段的教学内容标准需要与学校学习阶段的教学内容标准进行一体化设计。而职业能力（技能）涵盖胜任劳动力市场行业职业群体的能力要求和个人未来的发展要求，是学徒制范围内职业教育最终需要产生的学习成果。当前现代学徒制以及深度产教融合的开发、实施与评价更需要能够统领职业学校与企业教育培训统一的职业能力标准。

5. 以确认两类证书为目标，互通学历证书与技能等级证书标准

职业能力标准介乎于制度层面资历框架与证书层面“1＋X”证书制度之间。国家资历框架的建立将实现职普等值、融通，“1＋X”证书制度的实施将推动学历证书和技能等级证书融通，作为介于制度框架与资格证书之间的能力标准则

是上下衔接沟通的重要桥梁。缺少该桥梁，则意味着上位的资历框架的建立缺少核心基础，也不能形成一以贯之的参考标准来实现证书价值和指导证书开发，而学历证书与职业资格证书的质量与价值又是国家职业教育领域资格等值归类的直接依据。职业能力标准对下位的标准和证书体系制定产生较强的指导约束作用，在这一承上启下过程中承担了将国家基准要求转化、贯穿到教育教学实践活动中的角色，是统领"1+X"证书的一体化标准，也是书证融通的核心基础。

二、高职人才(毕业生)的职业能力标准

职业能力标准作为职教领域人才培养结果的基准，是联结人才需求、培养与评价三大体系的核心，是体现社会需求与教育供给侧对人才质量与结构要求的对接平台，是实现出口端与培养端产教融合的关键纽带。分析制约产教融合的核心要素，应用学习成果新理念，开展系统的职业能力标准研究，对于深化现代职业教育体系改革、建立健全纵向贯通、横向融通的现代职业教育体系具有以下多个方面的重要价值与意义。基于国家资历框架的视角，开展职业能力标准研究，明确职业能力标准的内涵、价值与路向，以期进一步为建设与完善现代职业教育体系提供启示。同时，也为进一步回应当前产教融合、健全职业教育人才培养质量标准等需求，构建职业能力标准的核心内容与具体路径，进而为直接指导职业教育教学实践及人才培养评价活动奠定基础。阳明学院对职业能力的定位与关联，从以下三个方面进行探索和认识。当今产业发展需要更多培养掌握新技术新技能的专业人才，如图 3-2 所示。

图 3-2　培养新技术新技能专业人才

1. 深刻认识能力、资格与学习成果的关系

"能力"一词在宏观层面通常与资格挂钩。资历框架中的资历通常也称为资格。"资格"一词在汉语词典中有两种解释，一是从事某种活动所具备的条件、身份等；二是由所从事某种活动或工作时间的长短所形成的身份，二者本质上都是

对个体能力的承认。在具体的使用中，“资格”以相应的标准或是某一具体活动实际要求为参照，表明从事该活动的个体是否具有完成完整活动的条件，这种条件是个体在参与和实施该活动时综合素质的体现。在对其资格进行具体分析的过程中，综合素质将会被划分为多个维度。例如，澳大利亚将这种综合素质划分为知识、技能以及知识与技能运用三个维度；德国则首先将其划分为专业能力和自主能力两大维度，再基于两大维度继续将其划分为知识、技能、社会能力以及自主性四个子维度。不同国家不同的维度划分出于对相关概念及原理理解的差异，也表现在其相对应的标准及具体活动要求的差异上。

“资格”和“学习成果”概念也紧密相连，前者是一种学习成果，经过完整或是某一阶段的教育与培训获得，并与指定的学习成果标准比较以确定其资格所在等级，同时按学习成果的类别划分对其进行多维度的阐述。各个国家对于资格及其相关概念的认识都是在不断变化发展的。例如，资格应用范畴的扩展，资格包含维度的调整，资格标准的进一步修订，这些都是根据本国发展需要和参照国际发展趋势做出的适应性改变。例如，英国的资格与学分框架将评估个体资格的侧重点由“知”转向了“做”，侧重于对个体能力的评估和考核，侧重于能够做什么，做到什么程度，一定程度上反映了社会经济对人才需求的偏向。

2.深刻认识职业能力标准的上下关系

普通教育路径主要通过“学历＋学术性资格”来表征学习成果，职业教育路径则主要通过“学历＋职业性资格”来表征学习成果，职业资格标准或职业能力标准（以下称后者）作为职业教育领域学历及资格获取的主要依据，为各级各类职业教育人才培养的定位、结果和评价提供了基本参考。职业能力标准体系从上下位、左右位的关联来说，涉及以下几类标准。

（1）作为资历框架通用指标的等级标准，即母标准。资历框架的等级标准即通用能力标准，是人才培养、学业/行业职业能力标准的母标准。资历框架一般用通用能力标准对每一级资历应达到的学习成果进行描述，以明确不同资历所处的级别。不同资历级别反映了不同资历要求的学习深度、难度和复杂程度。

（2）除了母标准之外，资历框架的切实落实还需体现在各类各级行业及教育专业，因此，需要基于资历框架，根据各学科/专业/行业领域的特点制定相应的层级化、具体化的可实施的一系列子标准，包括行业职业标准、职业能力标准、专业教学标准以及课程标准等系列标准。作为基于各类行业需求的能力标准，也是作为统领“1＋X”的专业能力标准；而作为适应行业技术变化、专业补充性的职业技能标准，即为“X”标准。也可进一步设计作为职业教育领域的类型标准的职业资历标准，即类标准，是为职业人才提供进修及就业进阶路线的各级职业资历阶梯的相应标准，如通过参照我国技工资格体系的五级资格标准，将其融入国家资历框架中进行学历与职业资格的一体化和等值性设计。

只有形成一以贯之的职业能力标准体系，才能确保标准在人才培养活动中发挥连贯性和持续性作用。在这一方面，我国香港资历架构由资历级别通用指标(即等级标准)到行业能力标准说明再到能力为本的课程与教材的开发，为我们提供了很好的借鉴。当前，我国国家教学标准体系的建设已步入正轨，这也意味着，我国职业教育的内部标准体系已基本健全，并取得较多建设成果。但基于母标准的子标准的开发，如《国家职业教育改革实施方案》中所提到的职业教育"1+X"证书制度，还有待建设。尽管当前我国国家层面的资历框架还未出台，但行业/职业能力标准的进一步推进必须植入资历框架的分类分级意识、能力标准意识，才能确保子标准及其证书制度具备框架性的制度保障，并与其他教育类型具有沟通与互认的功能。

在资历框架、类型教育、职普等值、学习成果等思想理念基础上，通过比较研究与本土研究，多途径探索衔接学历证书与职业证书、贯通各级职业资格与教育的职业能力标准构建的理论基础，进一步明晰职业能力标准的内涵、外延及定位，是进一步丰富现代职业教育体系制度、标准或机制相关理论的源头与基础。

3. 深刻认识职业能力的研究基础与现状

我国现行的资格标准体系主要包括由教育部门主管的学历资格体系和人社部门主管的职业资格体系。这两类资格标准体系各自发展，相互之间缺乏融通渠道，与之相关的现行教育管理体制下仍存在诸多突出问题，如学历教育、职业教育、继续教育多头管理，条块分割；多种教育质量标准并存，水平参差不齐；教育市场与劳动力市场脱节，教育成果难以衔接等，这些因素共同影响了现代职业教育体系的建设。目前学术界对现代职业教育体系与职业资格/能力标准体系之间关系的关注与研究还处在起步阶段。因此，还有待于职业教育研究机构和高职院校围绕该主题开展深入的探索与实践。阳明学院通过多种方式拓宽职业技能实训途径，如图 3-3 所示。

图 3-3　多种方式拓宽职业技能实训途径

第二节　高职人才衡量的国家标准

职业能力标准是健全现代职业教育体系、实现职业教育纵向贯通和横向融通、链接职业人才需求、培养与评价三大体系、保证职业教育人才培养质量与结构、实现产教融合的重要基础，也是解决当前“1＋X”的证书制度核心问题的关键。基于建设国家资历框架的视角，开展职业能力标准研究，明确职业能力标准的内涵、价值与路向，是建设与完善“双通制”现代职业教育体系的基础工作。基于当前职业教育的主流思想，通过对相关基础理论的阐释，追溯我国职业资格体系的发展和对发达国家学习成果导向的职业能力标准进行分析与比较，系统化研究新时代背景下我国职业能力标准构建的理论基础、一般路径、内容与结构、运行机制等。

经过多年持续建设，具有中国特色的职业教育国家教学标准体系框架基本形成。党的十八大以来，党中央高度重视职业教育改革发展工作，把职业教育摆在前所未有的突出位置，实现跨越式发展。目前，全国职业院校共开设近千个专业、近10万个专业点，基本覆盖了国民经济各领域，具备了大规模培养高素质劳动者和技术技能人才的能力。教学标准体系建设对于加快发展现代职业教育、加快实现职业教育现代化具有重要意义。我国职业教育领域国家教学标准体系主要包括专业目录、专业教学标准、课程教学标准、顶岗实习标准、专业仪器设备装备规范五个部分，是指导和管理职业院校教学工作的主要依据，也是保证教育教学质量和人才培养规格的基本教学文件。目前，已制定颁布的标准包括：《中等职业学校专业目录及其设置管理办法》《高等职业学校专业目录及其设置管理办法》；230个中职专业教学标准和410个高职专业教学标准；9门中职公共基础课教学大纲、9门中职大类专业基础课教学大纲；70个职业学校专业（类）顶岗实习标准以及9个专业仪器设备装备规范等。其中，高职专业教学标准、顶岗实习标准、仪器设备装备规范等从无到有，填补了我国职业教育史上的空白，而中职专业目录、中职专业教学标准等经历了一轮或多轮的修订，已逐步建立起随产业发展动态调整的机制。

职业教育国家教学标准的制定坚持贯彻党的教育方针，把育人方向放在第一位，坚持培养又红又专、德才兼备、全面发展的高素质劳动者和技术技能人才。紧密围绕国家战略，充分体现服务产业转型升级对人才培养的新要求，对接产业发展中高端水平。通过行业企业的深度参与，及时将行业企业的新技术、新工艺、新规范等转化为有关的教学内容和要求，体现到培养规格和课程体系中。此外，标准体系还具有开放性，体现了纵向贯通、横向融通，促进了技术技能人才系统培养，推进了终身学习。职业教育国家教学标准是基本标准，而不是最高标准，体现了国家对于职业院校教育教学的基本要求。国家标准体现标准的引领性、指导性，同时也注意到区域差异和校际差异，为不同区域和不同学校留出了发挥空间。

职业教育国家教学标准体系建设是一项具有基础性、专业性和长期性的工作。目前取得的成果还是阶段性的，有一些成果也是探索性的。十余年来，阳明学院扎实推进已经出台标准的实施，并在实施中不断完善，取得以下共识与经验。

一、学习成果是衡量职业教育与普通教育等值与沟通的核心价值基础

随着终身教育理念在全世界范围内的推广，学习成果(learning outcome)理念在国内外教育界受到了高度重视。学习成果作为国外持续实施教育改革的核心要素，将迎来一种教育和课程开发的新范式。学习成果的内涵发展由关注教学策略的改进，到关注教育质量的评估，再到关注教育的衔接与融通。对于职业教育来说，寻求与普通教育的等值、融通更加需要正视通过职业学习路径产生的学习成果。

采用学习成果能够描述资格层级、国家资格，说明学科基准和行业标准。例如，在欧洲，无论是欧洲高等教育资格框架还是欧洲终身学习资格框架，都采用学习成果概念来描述学历资格或职业资格。就当前国内学分银行的建设来看，大多基于证书、课程或学分。但基于证书、课程、学分的沟通在相同层次、相同类型或者沟通双方较为熟悉的基础上还较为可行，然而要实现学习成果在不同教育类型之间的转换，这样的沟通方式就存在一定的难度，且仅是学习成果的载体形式，必须通过学习成果(国际通常划分为知识、技能、能力三维)这个核心价值基础来进行比较、认证与沟通。这也意味着，各类教育应均以核心层的学习成果为导向。教学目标、教学内容、教学实施、教学评价等都要围绕这些学习成果展开，所有的教学环节和安排都是为了证明和传递学习成果信息。一旦各类教育都以学习者获得的学习成果为标准，那么沟通和衔接自然就会方便许多。这需要整个教育范式的转变，即以核心层的学习成果为导向，而仅仅在沟通机制上创新是不够的。

二、资历框架与资格标准是衡量职业类型化教育的框架制度基础

学习成果是各类教育的价值标签，要实现各类教育产品的高效等价交换，标准化的“产品货架”就是资历框架。资历框架中学习成果的维度、分类分级、同

一描述分别决定了各类教育与培训的统一标准要求、资格的纵向衔接与横向贯通、等值性与可比性，共同的标准和规范也为各类教育后续的教育目标、课程标准、教学评价设定提供了统一指导。《国家职业教育改革实施方案》确定职业教育作为一种类型教育，而一以贯之所依据的职业资历（标准）体系是其类型及分级的基础。

从理论研究的角度来看，如前所述，我国对国家或地区国家资历框架的相关研究始于 20 世纪末，21 世纪后尤其近几年开始由对国外的经验介绍进入理性及逻辑的反思阶段，并逐步由单纯的文本探究进入实施领域。但研究关注点固化的问题也一直延续了下来，无论是前期的国外发展经验介绍，还是后期有一定创新性的本土化构建，学者们的关注点始终聚焦于框架构建的必要性及意义、框架结构、构建程序及主体、保障措施等，而对框架内容层面的核心部分——资格标准体系构建则关注较少。该部分内容仅有李建忠（2011）、张伟远（2017）、李雪婵（2020）、郑炜君（2020）、李静（2020）等少数学者进行了专题研究，这部分内容对国家资历框架构建是远远不够的。

由此可见，当前在资历框架视域下研究职业资格/能力标准的成果并不多见。当然，有些关于资历框架中标准体系的研究并不局限于职业教育与培训领域的职业资格/能力标准，如“职业层级标准与能力要求”，大多是跨教育领域的资格标准，如层级描述，等级标准等。相关研究在前述关于资历框架的比较研究中较为多见，而针对我国背景的标准现状及理论研究则很少见。当前一些较新的研究也指出，需要“重点研制国家资历基准框架及各行业的子框架标准”，这也要求要将进一步探索作为向上对接跨教育领域与产教融合的资历框架，向下指导职业教育与培训领域内部标准的职业资历框架的核心：职业能力标准。以宁波市为例，培训赋能，赛事切磋，多项举措搭建技能人才成长通道，如图 3-4 所示。

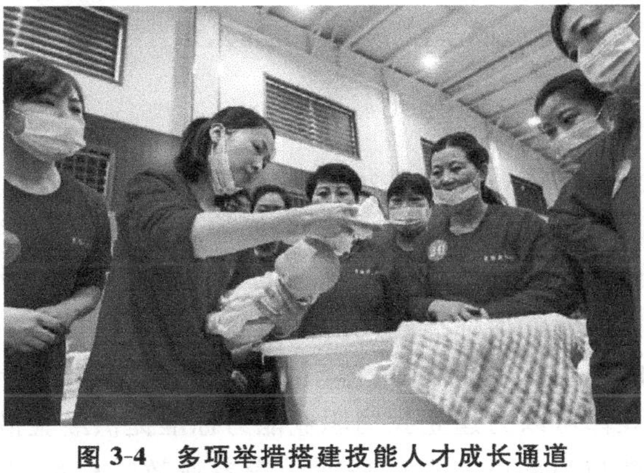

图 3-4　多项举措搭建技能人才成长通道

三、职业能力标准是现代职业教育体系纵向贯通和横向融通的基准

诸多关于资历框架和“1＋X”的研究都强调了职业能力标准/行业资历等级标准的重要性，但如何构建该标准却很少有人进行深入探讨，与现有标准等上下位标准如何联结也很少有人涉及。学分银行作为资历框架制度实施的核心问题的解决已取得长足发展，但多为解决学习成果的积累与转换问题，而更根本的问题则是需要从制度上解决职业教育与普通教育的等值与融通问题。只有这样才能真正提升职业教育的地位。解决该问题的核心举措之一就是建立兼容学历教育与技能教育的资历框架及资历发展等级与要求，奠定跨教育领域共同的资历等级标准，即通用等级标准，进而具体到每一种教育类型，如在职业教育中，根据产与教的关联以及上下位的标准体系建立自身的职业能力标准。基于此，才能进一步形成既能对接产业要求和基准体系，又能指导具体教学实践活动的专业教学标准以及课程标准。总体而言，跨教育领域的综合资历框架为普通教育与职业教育的等值互认提供了基础。其下位的职业资历框架的核心，即职业能力标准则传承这一导向与机制，并进一步运用于职业教育领域，成为职业教育与培训内部衔接的贯通基准。

第三节　“阳明模式”的目标指向与基本要求

高等职业能力标准体系对于现代职业教育目标体系建设的重要价值与意义已经十分明确。而现有的相关研究主要集中在对学习成果、资历框架、现代职业教育体系等的分别研究，对于职业能力标准与现代职业教育体系的关联则关注较少，相关研究成果尚不成系统，研究视野也需进一步拓展。在实际教学实践中，如何将上述理论成果转化为实际效果，阳明学院在初步探索切合自身特色的目标指向和基本要求上，形成了以下的思考和认识。

一、开展本土基础与国际比较研究

针对我国职业资格体系内部多元标准分立、育人与用人标准缺乏长效对接机制等问题，需要突破职业教育领域多元资格体系限制，构建综合性能力标准体系，并搭建人才培养与供给桥梁，构建统一的职业能力标准。此外，还需开展对职业教育发达国家职业能力标准建设的国际经验分析与比较。职业教育发达国家职业能力标准的开发背景与过程、体系概貌、构建结构与内容、构建策略的横向比较及其基本规律可以为建立我国职业能力标准提供经验借鉴。如何实现资历框架的等级标准与当前已开发的职业教育专业教学标准中的能力标准的统

一，及其与当前教育部和人社部分别主导的职业技能等级标准的统一，也是学理研究和治理实践中需要考虑的问题。

二、构建职业能力标准的基本结构与内容

对统一核心构建原则的遵循及能力描述规则的确定，是能力标准内容构建的基础。应基于时代背景与职业教育先进理念来构建职业能力标准的基础理论，分析职业教育类型学、职普融通、资历框架、学习成果、职业知识、技能发展阶段等相关基础理论，确定标准的核心内容，进行要素、结构、关联的分析。利用学习成果分类理论为横向维度划分提供教育学、心理学等多学科领域的依据，形成职业能力标准的横向结构。同时，结合我国现有技术技能人才职业等级划分与职业教育结构体系，分析技术技能人才职业生涯发展中职业能力的发展路径，划分纵向的职业能力进阶阶段。除了确定职业能力标准的横纵维度描述的规范性和统一性以及相互关联外，核心能力作为变迁世界中越来越重要的因素也需要被融入各级能力标准条目中进行一体化描述。并且可以典型行业为例，尝试开展个案研究，构建职业能力标准理论体系指导下的某一典型职业领域的职业能力标准，在实践中不断完善其结构与内容。

三、提炼职业能力标准，构建一般路径

通用能力标准作为上位标准，受其综合性和基准性的影响，只包含最一般意义上的学历资格与职业资格标准。基于此，职业能力标准应遵循通用资格标准—职业能力标准—“1＋X”专业能力标准—职业技能等级标准（X）的开发路径。该路径不仅能使得体现了普职等值与融通思想的资历框架职能和理念层层推进和实施，而且也能使专业/学科标准及其评价标准的构建路径获得各方认可。此外，横向上，职业能力标准构建路径也受到现有国家职业标准与专业教学标准的影响。

四、探索职业能力标准对现代职业教育体系的作用机制

纵向贯通、横向融通的现代职业教育体系涉及宏观层面的制度设计、中观层面的标准建设和微观层面的培养实施。中观层面是衔接产教之间综合职业能力的统领性标准，是落实上层制度设计的核心关节，也是指导下层培养实施的关键目标。在跨教育领域及跨产教领域综合视角下的职业能力标准构建完成后，其对现代职业教育体系整体如何产生作用至关重要。在职业教育作为一种类型教育，职普等值与融通的大背景下，应针对作为核心关节点的职业能力标准，探索其构建的程序与内容，及其对现代职业教育体系的作用机制，一方面体现为对上

位制度层面的体系作用，另一方面体现为对下位培养层面的实践作用。还应在微观层面探索其对职业教育的专业建设、课程更新、人才质量评价转变等方面的应用可行性。

考察比较成熟的先进经验，以及建设资历框架和能力标准是一个长期积累与发展的过程。如我国香港自 2008 年起就开始建立这类目标体系，经过十余年的发展，已经建成了从资历框架构成到资历级别通用指标、能力标准说明、职业资历阶梯（即各行业进修及就业的进阶路线图）、职业阶梯课程及相应教材的完整体系。截至目前，共有 18 个行业完成了 35 套行业《能力标准说明》，为各行业资历的获取、培养、评价提供了系统依据。结合我国的职业教育体系发展路径，职业能力标准建立在通用标准的基础之上，在确立职业资历阶梯（含资历级别和该行业职业资历范畴的横纵结构）后，描述行业内的各级各类职业能力标准，并形成能力标准说明。该标准说明也可为后续的以“能力标准说明”为本的职业阶梯课程和教材编写提供基准。同时，跨行业的“通用能力说明”（如语言、运算、信息技术等）也可作为横跨能力融合于行业职业内容之中。对此，阳明学院还在进一步借鉴研究之中，期待早日实现“学以致用”“提质培优”的目标。

第四章　因材施教："阳明模式"培育运行体系之一

随着产教融合在职业教育中的深化，如何施行产教融合的教学成为职业院校的重大课题。王阳明教育思想中有一个突出的理念是"因材施教"。从阳明学院教学实践分析，这个"材"，既是依据高职人才培育目标造就高质量人才，也是要求设置适合产教融合的课程教材。因此，产教融合型课程形态得到普遍认识和重视。从课程的逻辑基础来看，产教融合型课程是教育规律与产业规律的融合；从课程的使命职责来看，产教融合型课程是知识的传授与技术创造的融合；从课程的表现形式来看，产教融合型课程是书本知识与生产经验的融合。产教融合型课程的判定标准为：课程目标上教育价值与经济价值的统一，课程内容上学术知识与工作知识的共存，课程实施上学校力量与产业力量的协同，课程评价上学生发展与行业标准的兼顾。推进产教融合型课程建设的策略为：坚持基于产业需求导向的课程设计理念，确立学校与企业共同参与的课程建设主体，构筑以学科逻辑与产业技术逻辑为双导向的课程体系建设机制，以工作场所学习推进产教融合型课程实施。

第一节　高职教学方案课程制定的基本原则

教育部自提出深化产教融合的要求以来，在职业教育各个层面纷纷探索产教融合的内涵、政策、制度和落实机制等实施举措，尤其是把贯彻落实产教融合作为推动职业教育改革的关键理念和行动方略。实践表明，产教融合深入发挥育人功效的关键，是要依赖于一种新型的课程，因为课程是育人的载体。所以，一种产教融合型的课程形态必须要引起关注，也应该被建立起来，这是深化产教融合的突破口和推进器。结合阳明学院的教学探索，阐述这一课题的概念定位、确认评定和构建途径。

一、产教融合型课程的定位

传统意义上的课程主要是作为一种学问的集合，尤其是以人类所积淀下来的一门门学科化的知识为体系，课程的书本化知识特点比较浓厚，与现实生活生产较为疏远。人们发现单纯以封闭的书本知识为主的课程存在着明显的弊端后，便开始强调课程的生活化，要求回归现实生活。而职业教育强调学校课程与现实工作的密切联系，甚至打破原有的理论化课程格局，引入大量的实训课程或实践课程；后来又生成项目课程、工作过程课程、一体化课程等多样化的课程模式，试图解决理论与实践、工作与学习、学校课程与现实工作的整合问题。那么，职业教育课程发展到今天，伴随着产教融合的深化，一种新的课程形态，即产教融合型课程诞生。形态主要是指事物存在的样貌，或在一定条件下的形状或表现形式。那么，课程形态则是指课程的存在状态或表现形式。对于一种事物的形态可以从其内在逻辑基础、自身存在的使命和其外在的表现形式三个方面来考察。

1.产教融合型课程是教育规律与产业规律的融合

逻辑泛指规律，逻辑基础是指事物最根本的基础规律或依据。从课程的逻辑基础来看，产教融合型课程既有教育规律也有产业规律，突出教育规律与产业规律的融合。课程作为一种教育载体，肯定离不开教育规律的作用，而且首先要受到教育规律的制约。比如，个体身心发展的规律就属于教育规律，这也是职业教育课程所必须遵循的规律；但在职业教育中，除了纯粹的个体身心发展规律之外，与之相关的是个体的职业成长发展规律，这也是职业教育课程所要遵循的特有规律，而这一规律实质上与产业发展背后所需要的职业人才的成长路径有着密切关系。另外，职业教育课程所服务的人才培养与产业发展对人才需求密切相关，这实际上意味着职业教育课程应当以产业发展对人才需求为基础。正如国务院办公厅颁布的《关于深化产教融合的若干意见》(国办发〔2017〕95 号)所指出的，“深化产教融合的主要目标是，逐步提高行业企业参与办学程度，健全多元化办学体制，全面推行校企协同育人，用 10 年左右时间，教育和产业统筹融合、良性互动的发展格局总体形成，需求导向的人才培养模式健全完善，人才教育供给与产业需求重大结构性矛盾基本解决”。作为一种新形态的产教融合型课程，其逻辑基础是教育规律与产业规律的融合或共同合力。

2.产教融合型课程是知识的传授与技术创造的融合

一般来说，课程的使命职责就是育人，这也是教育的根本目的。课程服务于学校和企业的人才培养工作，也服务于产业发展中的技术创造需求。课程不只是向学生传授知识和技能，也要开展技术创新和创造工作。一些产教融合型企业不断追求技术的自主研发，而相当一部分技术的自主研发就是在现代学徒制人才培养课程中实现的。所以，产教融合型课程的使命和职责是在实现人才培养的同时也实现技术的创新创造。产教融合型课程的重要使命是协同学校和企业围绕产业发展所需的关键技术和核心工艺开展攻关,推动基础研究成果向产业技术转化,在课程中教授基本的技术知识之外,实现学生在课程之中掌握技术创造的能力,或者在课程中师生协同开展技术创造。产教融合型课程存在的意义在于其始终能够使课程保持更新,始终能够使课程与社会经济发展保持密切联系。

3.产教融合型课程是书本知识与生产经验的融合

传统意义上,一谈到课程人们首先想到的是一本本的教材和列入课程表中的科目,课程的表现形式其实主要是以书本知识为主的教材或科目。而产教融合格局下的职业教育课程表现形式超越了教材和科目范畴的书本知识,表现为一种整合理论知识与实践知识的工作过程。从课程的名称上来看,不是以“什么学”或“什么论”的形式来命名的,而是以“名词+动词”或“动词+名词”的形式来命名的,比如三年制高职市场营销专业中的“促销活动策划”“推销实务”“商务谈判”等课程。这些课程打破了传统意义上局限在学校场域的格局,课程也存在于企业之中;打破课程与外界社会经济及产业发展相割裂的局面,将社会经济发展中的元素融入课程之中。实际上,在职业教育中早已诞生了一种具有生产性的课程,生产性课程,即课程本身是一个生产过程或一项生产活动,既生产着产品或完成着工作又培养着技术技能人才。应当说,项目课程、工作过程系统化课程、一体化课程都属于产教融合型课程的具体表现形态。

总之,产教融合实质是教育与产业经济发展间的一体化互动关系。产教融合型课程存在的主要意义在于:解决传统课程在满足企业对人才需求作用中发挥不足的问题,克服产业力量在参与课程建设中缺失的问题,实现教育力量和产业力量在职业教育课程开发与设计中的合力。产教融合型课程是对传统课程内涵的丰富,这些课程超越了学校和教育的范畴,而跨入或融入企业和产业的元素。

二、产教融合型课程的确认判定

什么样的课程可以算是产教融合型课程?对于产教融合型课程的判定标准,可以从课程系统要素来审视,即每一个课程系统要素要达到什么样的标准。

1.课程目标:教育价值与经济价值的统一

传统的与产业实际相脱离的课程,其目标只关注人的知识和技能的发展,而缺乏关注人对产业的适应性以及对产业的服务价值。而产教融合型课程的目标在于使人的发展与产业的创新发展统一,即课程的人才培养价值和社会经济服务价值的统一。产教融合型课程目标的教育价值主要在于人的发展,包括两个方面:一是实现人的职业素质教育,二是实现人对职业、岗位和产业的深度认识及行动力。超越于传统的课程目标只关注人的知识和技能收获,产教融合型课程目标进一步强调人对产业发展中的职业和岗位的适应性。换句话说,产教融合型课程的目标应当促进学生实现职业岗位的适应性,能够适应产业的不断更新升级。产教融合型课程目标的经济价值主要是指课程突破局限于"教授内容"的格局,而要"面向生产、服务创造",课程本身是一个工作过程,除了实现人才培养的目标功能之外,还要能够推动产业效率的提升和技术的更新换代。从另一个角度而言,推动技术变革和产业转型升级不仅仅是生产部门的事情,也是人才培养过程中课程的事情,这也是产教融合意义下赋予课程的一种新使命。以三年制高职市场营销专业中的推销实务这门课程的目标为例,学生能够熟悉推销工作各环节的工作任务,掌握实际推销工作的基本策略与技巧,能够胜任企业产品推销与开拓市场的用人需求,能够实现推销技巧的创新。总之,要从课程目标这一维度判定课程是否属于产教融合型的标准,就需要从课程在人才培养、学术研究和产业科技创新方面的贡献合力来审视,审视课程是否到达教育价值与经济价值的统一。

2.课程内容:学术知识与工作知识的融通

从内容的维度来判定,产教融合型课程的内容总体上来说,其提供的内容一定是符合产业发展时代性的内容。一般来说,课程内容的基本性质是知识,那么以知识为基本性质的课程内容所表现出来的知识究竟是一种什么样的知识呢?首先,课程内容与产业要素具有密切的相关性。其次,课程内容来自企业生产需求,经由教育转化而来。产业发展中的技术创新及技术技能经验积累是课程内容生成的重要来源。产业的转型升级促使新技术的出现,新技术就成为职业教育课程的新内容;产业的转型升级促使新岗位的诞生,新岗位就成为学生在职业教育课程中学习的新内容;产业发展中不断积累技术技能体系,技术技能体系的积累就不断丰富和更新着职业教育课程的内容。最后,课程内容的组织源于产业发展中的工作过程逻辑。以三年制高职市场营销专业中的推销实务这门课程的内容为例,主要由潜在客户寻找与识别、产品介绍、线上线下推销流程及阶段划分、线上线下推销方法和技巧、电话推销技巧、销售合同签订与实施、售前售中售后服务等项目组成。

3.课程实施:学校力量与产业力量的协同

课程实施作为将课程方案付诸实践的过程或活动,主要涉及教学过程、课程实施主体、课程实施的环境条件体系等方面。总体上看,在课程实施中,是否有产业力量的参与或介入,这是课程达到产教融合型的标准之一。从教学过程而言,产教融合型课程的教学过程与工作过程对接,即教学过程不再是封闭在传统教室里的教师教授书本知识的过程,而是学生直接参与实际工作的学习过程。从课程实施主体而言,学校教师与企业专家的协同,一方面引入企业技术专家承担课程教学工作，能融入产业发展中的技术和经验。另一方面，学校教师定期赴企业开展实践，能将企业中的新技术和经验带回到学校融入课程实施之中。从课程实施的环境条件而言，学校力量与产业力量协同创造实训场所，实现校园文化与企业文化的融合。在课程实施的实训设备方面，不论是学校自主购置还是由合作企业提供，均应当保持与产业发展的新技术、新工艺相匹配。在课程实施的场所方面，一方面是校内的教室或实训室应当渗透着企业工作的特点，学生在教室中应能够接触到企业的工作特点。另一方面，一些实践性较强的尤其是直接与产业相关的课程应当直接在企业现场实施。从课程实施的文化环境来说，课程又充满着学术文化、技术文化和企业文化，它们交融、共生，对人才培养产生潜移默化的影响。

4.课程评价：学生发展与行业标准的兼顾

从课程评价方面来判定产教融合型课程，可以从以下两个方面考虑。一方面，课程是否能促进学生的发展，课程是否适合、满足学生的发展需求。衡量课程是否适合和满足学生的发展需求主要看学生学习完课程之后是否能够胜任产业中的岗位，看学生是否具备了产业发展所提出的职业能力需求。此时对学生的课程学习效果评价不是看学生掌握了多少书本知识，而是从胜任产业发展需求的标准来看学生的发展。另一方面，课程是否符合行业标准。此时主要看课程本身的方方面面是否符合行业的标准要求，比如该课程的目标定位是否与行业标准中对人才素质要求的标准相一致，课程内容中关于企业生产或工作的相关内容是否与行业标准及职业标准中的规定相匹配，课程实施中的设备及环境场所是否具有行业发展中的要素。

三、产教融合型课程的构建途径

产教融合不是简单地将产业元素融入教育之中，而是要在人才培养中有效地整合教育元素和产业元素。那么，建设产教融合型课程就是要从"在教育元素中融入产业元素"向"教育元素与产业元素一体化"的格局跨越。

1.课程设计理念要基于产业需求导向

通过深化产教融合，促进教育链、人才链与产业链、创新链的有机衔接，促进人才培养供给侧和产业需求结构要素的全方位融合。这其实构成了职业教育产教融合型课程建设的重要理念。产教融合型课程所指向的主要矛盾是职业教育人才培养供给侧和产业发展需求在结构、质量、水平上还不能完全适应的问题，这实际上要求我们的课程要始终牢牢地把握好产业的需求，确立基于产业需求导向的课程设计理念。将学生发展与产业需求统筹起来，学生的发展是适应产业需求导向的发展，产业需求拥有以市场为主导的运行机制。根据产业需求调整课程目标，针对市场需求进行课程设置，依照产业要求选择课程内容，才能实现职业教育课程供给侧与产业需求的精准、无缝对接。产业经济转型升级到底需要什么样的人才？产业经济转型升级到底需要人才具备什么样的素质？产业发展对人才的需求是课程目标确定的依据，因此，应根据产业经济发展动态来确定人才培养的目标定位、确定课程的目标。产教融合型课程从社会生产活动对人才的需求出发，以社会生产活动对人才需求规格作为构筑课程的依据，实现课程与工作的匹配，实现人才培养与社会经济服务的双重目的。总之，职业院校在课程建设中要树立起课程服务于产业发展需求的意识，在课程服务产业发展中实现产教融合型课程的完善。

2.课程建设主体在于学校与企业共同参与

产业系统拥有以企业为主体的组织单元，企业是产业的表现载体。现代产业发展的最新形式主要通过企业来呈现和表达。企业代表着产业力量，是职业教育课程建设的重要主体。产教融合型课程的建设需要确立学校与企业共同参与的课程建设主体。在职业教育中应建立起企业课程制度，明确企业深度参与课程教材开发，课程教材应充分吸纳企业生产中的新工艺、新标准、新技术和新要求，专业课程标准要对接产业发展中的职业岗位能力标准。企业技术专家作为课程的实施者，要承担课程教学任务。比如，模具设计与制造专业聘请相关的模具师、机构经营管理者、设备生产与营销者等共同承担相关课程。企业还可提供学生实习实训的平台和资源。比如，有的学校与企业合作，企业直接在校内建设生产性实训基地，提供实训课程的设备和资源，将企业真实的设备、工具、环境、任务直接搬到校内实训室，推动了实训课程建设。学校与企业共建课程实施的场域，为学生提供了对接生产实际的学习环境。比如，有些关于某种产品生产的课程需要在产品标准、产品检验、产品质量养护等内容中实施，应当有配套的实验实训设备才能满足课程实施的需求，否则，只能是纸上谈兵，达不到该课程与产品生产实际相对接的要求。此时，不论是建校内实验实训室，还是建生产性实训基地，都需要与合作企业共同开发实验实训模块、内容。

3.课程体系构建要以学科逻辑与产业技术逻辑为双引领

学科逻辑与产业技术逻辑构成了产教融合型课程体系的双导向。就整体的专业课程体系建设而言，一方面要考虑按照专业整体的知识结构和学生的知识学习规律安排课程顺序，另一方面又需要考虑按照专业所对应的产业技术内在结构（工作过程、岗位类型、技术研发过程等）或规律来设计课程序列，旨在通过课程实现人才培养与产业的有效融合。课程是专业的基础，技术是产业的基础，课程对接于产业的技术课程体系时，首先要把该专业对应产业的技术链条画出来，考虑技术的沿革与进步，并把技术链条映射为课程体系。其次，高校科研进步同样会促使技术进步,生成新的技术链条。实质上,产教融合型课程就是向学生生产符合学科逻辑与产业技术逻辑的课程知识的过程。以学科逻辑和产业技术逻辑双导向合作生产知识产品的产品型合作是产教融合型课程体系建设的内在机制。"从知识生产方式视角看,产教融合的实质是一种关注'应用价值'导向、多主体协同、开放性和多元化的知识生产制度安排"。在这一知识生产制度的设计下,以共同生产知识产品的产品型合作将取代以特定资源获取和依赖关系形成的资源型合作成为主要合作模式。目前,有的专业大力加强企业课程建设,形成了学校课程和企业课程相融合的课程体系;还有的专业积极探索课证共生,将专业课程学习与职业资格训练相结合,有助于实现专业知识学习与职业需求有效共进。不论是企业课程建设的加强,还是课证共生的确立,都是以学科逻辑与产业技术逻辑为双导向的课程体系建设机制的具体体现。

4.课程实施要立足于工作场所的学习推进

只有宏观的框架构筑,没有微观具体的可行性操作,再美好的蓝图也无法实现。产教融合型课程的建设不能缺失微观具体层面的实施策略。那么,如何推进产教融合型课程实施呢?根据国内外职业教育发展的理论和经验,工作场所的学习是推进产教融合型课程实施的一种有效策略。工作场所的学习是一种在参与真实任务的过程中,并在熟练成员直接或间接的指导活动中获得知识和技能的途径。工作场所的学习理论告诉我们,学生职业能力的获得是在传统的学校教育场所与具有真实工作任务的企业工作场所中完成的,尤其是工作场所的学习是推进产教融合型课程实施的重要途径。产教融合型课程实施要从传统只局限在教室或学校场域的格局中走出来,以工作场所的学习推动学生在课程实施中掌握学术知识与工作知识,教学环境方面要向工作场所趋近,体现真实工作场景或仿真模拟工作情景。同时需要发挥好企业力量,比如,阳明学院模具设计与制造专业发挥企业中的工作人员优势,结合自己多年实务经验,设计开发真实课程,依托真实的设计制作平台,完全模拟企业的真实操作,为学生提供工作场所学习的平台。

第二节　范例:现代模具专业课程优化设置

在上述高职教育课程教学理论的指引下,阳明学院在专业开发和课程优化设置上有许多创造性突破,其中学院王牌专业现代模具设计与制造最具特色。以其为例,可见深意。

1.以需求为导向,在反思与问责中充实课程内容

高职院校课程设置应该以需求为导向,主动承担起服务国家发展的重任,在

不断的反思和问责中优化课程内容。

（1）尊重社会发展规律，运用移动互联网、大数据链技术、区块链技术、人工智能等新一代信息技术推动课程革新，实现现代信息技术与课程整合，主要包括网校平台、移动平台、社交平台和直播平台等。

（2）尊重知识密集型企业的人才需求，高职院校课程内容设置从“强调学生应该知道什么”向“学生在工作中应该能够做什么”转型，即学生在现实工作场所中所需要的知识决定了课程的主要内容，加强了课程内容的规范性。

（3）知识密集型企业对技术技能人才有着十分具体、明确的要求，应该激励这些企业深度参与高职院校课程的建设过程，有效地提升课程内容选择的针对性和有效性。

2. 在应用情境中组织课程教学

职业知识的获得需要搭建理论知识和工作知识之间的桥梁，“再情境化”起到了重要的中介作用。通过“再情境化”的教学策略将理论知识融入工作实践中，让学生在掌握工作实践中所需工作知识的同时，还能够获得经过“再情境化”的理论知识，整合两类知识，形成行业企业发展所需的职业知识。以现代服务业类专业为例，高职院校现代服务业类专业学生获取服务知识同样应遵循上述知识整合机制，这对于高职院校的教师来说，在应用情境中组织教学，扮演角色、创设情境、模拟冲突等均是较好的选择。只有经过“再情境化”的过程，学生所习得的服务知识才能转化为现代服务业需要的服务知识，使高职院校学生能够应对现代服务业发展中的变化所带来的挑战。

3. 充分利用评价反馈，实现课程的高质量发展

丰富课程质量评价主体和完善课程评价反馈环节是破解高职院校课程质量评价困境的主要途径。具体到课程评价过程中，应该做到以下两点。

（1）实行校、院两级课程评价管理模式。可以采用交叉听课与公开听课相结合的方式，将课程评价主体由“单一任课教师”扩展为“以任课教师为主，以校、院两级领导和其他课程任课教师为辅的多主体监督评价机制”。

（2）强化课程的评价反馈环节。运用“课程矩阵”评价课程目标是否达成，逐渐完善课程设置。借鉴密歇根大学“课程矩阵”的思路，可以将高职院校课程目标分解为一系列子目标并作为一个维度，将课程内容作为另一个维度，通过两个维度的矩阵关联来评价课程目标是否实现，检测课程目标是否存在虚置现象，根据评价结果深度优化课程目标、内容与组织方式，持续提升课程质量。

第五章　教学实施："阳明模式"培育运行体系之二

本章以阳明学院塑料模具设计与制造专业的课程教学标准、课程教案和课程教学实施报告为案例，简明介绍"阳明模式"的人才培育运行体系。

第一节　范例：塑料模具设计与制造课程教学标准

一、课程基本信息

塑料模具设计与制造课程设置情况如表 5-1 所示。

表 5-1　塑料模具设计与制造课程设置

课程名称	塑料模具设计与制造	课程代码	K2101000007
课程学时	48 课时	课程学分	2
开设学期	第四学期	适用专业	模具设计与制造专业
课程类别	专业核心课	课程性质	必修
先修课程	机械制图与公差配合 机械设计与制造基础 产品创新设计与加工 简单模具零件加工与装调 模具 CAD/CAM 技术应用	后继课程	毕业设计 顶岗实习

二、课程性质与任务

1. 课程性质

塑料模具设计与制造课程是基于《高等职业学校模具设计与制造专业教学标准》《国家职业技能标准——模具工(2019 年版)》(职业编号:6-18-04-01)等机械模具工程技术人员岗位职业标准，以及本学院模具设计与制造专业人才培养方案开设的专业核心课程。

2. 课程任务

课程实时对接职业教育的新要求、新规范以及产业新业态，通过分析本专业学生所面向岗位的知识、能力、素质要求，以模具制造企业、汽车零部件制造企业、3C和家电零部件制造企业等模具设计制造岗位(群)工作流程为导向，以岗位(群)工作任务为驱动，注重学生“匠心”素质的养成和模具设计制造技能的提升，是将理论教学与实践教学融为一体、将课堂教学与社会服务相统一、职业特色明显的一门课程。学生通过本课程的学习为以后从事智能制造相关工作打下坚实的业务基础，最终达到综合职业能力全面提升的个人成长目标。

三、课程目标与要求

1. 总目标

通过该课程的学习，使学生具备独立开发模具的能力，对模具的理论分析、结构设计、工艺编排、制造加工及装配有较深层次的理解，能够完成模具设计与制造相关的工作任务。

2. 素质目标

Q1. 具有规范、严谨、认真细致的工匠精神；

Q2. 具有诚信、敬业、科学、创新的职业素养；

Q3. 能够保质保量准时完成枯燥、繁杂的绘图任务，毅力强且具备良好的心理承受力；

Q4. 在完成模具设计任务时，能积极主动、充分地进行沟通、协商，具备良好的合作能力及团队精神；

Q5. 能制订出切实可行的工作计划、提出解决实际问题的方法；

Q6. 能够认识到阳明思想“心即理、致良知、知行合一”的重要性，做到学以致用；

Q7. 养成“爱岗敬业、争创一流、艰苦奋斗、勇于创新、淡泊名利、甘于奉献”的劳模精神；

Q8. 养成“崇尚劳动、热爱劳动、辛勤劳动、诚实劳动”的劳动精神；

Q9. 具有较强的计算机和互联网信息理解、获取和利用的素养；

Q10. 具有良好的质量、环保和安全意识，具有强烈的创新精神。

3. 知识目标

K1. 熟悉注塑模具的设计与制造流程，并能进行合理安排；

K2. 掌握对制件进行模具设计有关的结构工艺性知识；

K3. 掌握中等复杂注塑模具的3D结构数字化设计、模具2D装配图绘制规

范及表达方法;

K4. 掌握 CAE 模型处理、流程分析、工艺方案优化调整等知识;

K5. 熟悉模具设计评审的内容和方法;

K6. 熟悉模具主要零件、电极的加工工艺、数控编程、机械加工等知识;

K7. 熟练掌握模具装配设备及工具的使用方法,并能进行模具装配;

K8. 熟悉模具的试模过程,并能进行注塑机参数简单调试;

K9. 熟练掌握模具和塑料制品的检验方法;

K10. 熟练使用测量仪器,熟悉制品和模具的验收流程,并对客户的要求进行正确解读。

4. 能力目标

S1. 能够运用 CAD 软件对中等复杂的注塑模具进行数字化设计;

S2. 能够运用 CAE 软件对中等复杂的注塑模具进行充模保压、冷却翘曲分析,优化并生成模流分析报告;

S3. 能够对模具成型零件进行数控编程及加工;

S4. 能够对模具进行装配、调整及功能调试;

S5. 能够对注塑成型参数进行优化设置、试模及制件预生产;

S6. 能够对模具及试制产品进行质量检测;

S7. 能够正确使用在线测量仪器;

S8. 能将模具交付给客户,并向客户提供模具设计说明书和成型生产解决方案。

四、课程结构与内容

1. 项目总体设计

课程模块学时分配表如表 5-2 所示。

表 5-2 课程模块学时分配表

序号	课程模块名称	学时	备注
1	模块一:汽车摄像头外壳模具设计与制造	16	
2	模块二:汽车摄像头镜片支架模具设计与制造	16	
3	模块三:汽车摄像头镜片模具设计与制造	16	参赛项目

2. 项目内容详细设计

课程模块教学目标安排如表 5-3 所示。

表 5-3 课程模块教学目标安排表

序号	课程模块	建议学习任务	覆盖目标	建议学时
1	模块一 汽车摄像头外壳模具设计与制造	任务 1 摄像头外壳模具 2D 布局设计	K1、Q4、K3、S1、Q3	4
2		任务 2 摄像头外壳模具 CAE 模流分析	K1、Q5、K4、S2、Q1	2
3		任务 3 摄像头外壳模具分型设计	K2、K3、S1、Q1、Q2、Q3	2
4		任务 4 摄像头外壳模具模架与标准件设计	K2、K3、S1、Q1、Q2、Q3	2
5		任务 5 摄像头外壳模具浇注、冷却、顶出系统设计	K2、K3、S1、Q1、Q2、Q3	4
6		任务 6 摄像头外壳模具零件的加工工艺分析及编程加工	K6、S3、Q1、Q3	2
7	模块二 汽车摄像头镜片支架模具设计与制造	任务 1 摄像头镜片支架模具 2D 布局设计	K1、Q4、K3、S1、Q3	2
8		任务 2 摄像头镜片支架模具 3D 结构设计	K2、K3、S1、Q1、Q2、Q3	2
9		任务 3 摄像头镜片支架模具零件的加工工艺分析	K3、S1、Q3	2
10		任务 4 摄像头镜片支架模具型腔的编程加工	K4、S2、Q1	2
11		任务 5 摄像头镜片支架模具型芯的编程加工	K6、S3、Q1、Q3	2
12		任务 6 摄像头镜片支架模具零件抛光	K7、Q2	2
13		任务 7 摄像头镜片支架模具零件装配	K7、S3、Q1、Q3	2
14		任务 8 摄像头镜片支架模具试模	K8、S3、Q1、Q3	2
15	模块三 汽车摄像头镜片模具设计与制造	任务 1 镜片模具二维数字化设计	K2、K3、S1、Q1、Q2、Q3	2
16		任务 2 镜片模具三维结构设计	K2、K3、S1、Q1、Q2、Q3	2
17		任务 3 镜片模具模流分析优化	K6、S3、Q1、Q3	2
18		任务 4 镜片模具零件编程粗加工	K6、S3、Q1、Q3、Q8、Q9	2
19		任务 5 镜片模具零件编程精加工	K6、S3、Q1、Q3、Q8、Q9	2
20		任务 6 镜片模具零件特种加工	K7、S3、Q1、Q3、Q8、Q9	2
21		任务 7 模具零件装配	K8、S3、Q1、Q3、Q8、Q9	2
22		任务 8 镜片模具试模验证	K7、K8、K9、K10、S4、S5、S6、S8、Q1、Q2、Q4、Q8、Q9	2
合计				48

五、教学实施与保障

1. 教学实施

1)教学策略

在"双高计划"专业群带头人、全国技术能手带领下，组建专兼结合、能教会做的"双师"结构省级优秀教学团队，围绕区域支柱产业需求，构建基于"三岗三模"的核心岗位复合型人才轮训培养体系。借助国家级精品资源共享课程教学资源，省级课程思政示范课程，与企业共同开发"十三五""十四五"职业教育国家规划教材和活页式教材，共同制定拉延模具数字化设计"1＋X"标准、精密数控加工"1＋X"标准，共同创新实践新技术、新规范、新标准。连续5年开展现代学徒制人才培养，创新探索实践了"三元双轨"现代学徒制教学模式，与研究院共同研制"模具智能制造云平台"，用智能制造技术提升传统教学成效，实现模具设计制造工艺理论精讲、虚拟加工仿真、机床实际操作的衔接融合，从而切实解决高精密测量仪、高速机床等高端精密设备操作过程中存在的风险、缺乏实践操练等痛点问题，将劳动精神、劳模精神、工匠精神"三大精神"中自信力、执行力、协作力、竞争力和创新力等课程思政元素有机融入教学过程，实现外化于行、内化于心、固化于制、强化于行，以思政文化建设促进学生职业素养的提升。

2)教学方法

本课程主要采用任务驱动教学法、项目教学法、线上线下混合式教学法。

(1)任务驱动教学法。以企业真实产品任务为驱动，以小组团队活动为主线，和企业师傅线上交流，讨论开模任务单，采用"阶梯递进式"教学方法，将模具设计过程分为分型、模架与标准件设计、浇注系统设计与CAE分析、侧向分型与抽芯机构设计、冷却系统设计、推出机构设计、电极设计等几个方面。

(2)项目教学法。充分利用NX软件、全国职业院校职业技能大赛平台、"爱课程"和"超星"等线上资源，完成企业模具标准化设计。综合运用项目教学法，以工作任务驱动教学，由学生团队协作开展任务，在充分准备任务实施步骤的基础上，采取小班化教学，确保教学效果。

(3)线上线下混合式教学法。教师充分利用信息化手段，结合指尖数字平台，让教师的电脑屏幕展示在学生手机端，学生的电脑屏幕可以展示在教师的手机端，教师可以通过手机看到学生学习的情况，并且通过电脑看到学生电脑的设计过程。同时，学生可以在自己的手机看到教师的示范操作，还可以在自己的电脑上同步跟着设计，有问题也可以及时寻求帮助。老师还可以远程控制学生的电脑，进行示范操作。教师线下充分利用仿真模拟机房、研训中心、企业车间等众多场景，进行全流程的模具设计与制造演示，实现线上线下混合式全方位教学。现场教师可以把讲课内容录制下来，在课程结束后发给学生，学生可以课下参考，不受时间、地点的限制进行重复播放，老师也可以将其剪辑后变成课程资源。每周安排专门的时间，老师在线上辅导答疑，解决学生提出的问题。

2. 教学保障

1)师资队伍

(1)课程负责人。课程负责人要求有10年以上的模具设计与制造专业课程教学或培训经验，具有副高以上职称；同时具有模具生产企业5年以上实际技术工作经历，并具备技师以上职业资格证，年龄55岁以下；熟悉模具设计制造流程，具备一定的模流分析、注塑机试模及制品检测技能，具有先进的职业教育理念，了解高职教育规律，具备课程开发和教学改革的热情和经验；具有一定的科学研究和教学研究能力；专业领域的理论基础扎实，技术应用能力较强，能够解决企业的实际技术问题。

(2)课程团队结构与规模。教学团队由专任教师和兼职教师组成；专任教师中“双师”素质教师占教师总数的80%以上；100%以上的教师取得模具工(高级)职业资格证书，或者具有技师、高级技师以上职称；高级职称比例大于35%，40岁以下青年教师超过60%。兼职教师10人，具有本专业相关领域工程师或高级职业技能证书。

(3)教师专业背景与能力要求。具体分专任教师和兼职教师，相关要求如下。

专任教师：具有高校教师资格和本专业领域有关职业资格证书；有理想信念、有道德情操、有扎实学识、有仁爱之心；具有装备制造类相关专业本科及以上学历；具有扎实的模具设计及制造理论功底和实践能力；具有较强的信息化教学能力，能够开展课程教学改革和科学研究；每5年累计不少于6个月的企业实践经历。

兼职教师：均具有中级及以上相关专业职称，主要从本地区与本专业相关的行业企业聘任，具有良好的思想政治素质、职业道德和工匠精神，具有扎实的专业知识和丰富的实际工作经验，能承担专业课程教学、实习实训指导和学生专业发展规划指导等教学任务。

2)教学条件

校内实训基地、校外实训基地等。

(1)校内实训基地，具体内容如表 5-4 所示。

表 5-4　校内实训基地列表

序　号	名　称	基本配置要求	场地大小/m^2	功能说明
1	模具CAD/CAM/CAE实训室	1. 内部网络环境； 2. 1 套投影设备； 3. 150 台计算机； 4. CAD/CAM 软件(150 个节点)； 5. 多媒体教学软件； 6. 若干外设	300	具备一体化教室功能，为模具 CAD/CAM 技术应用课程教学、实训和专业软件社会服务培训提供条件
2	精密加工实训室	1. 数控加工中心 8 台； 2. 模具智能制造单元 4 个； 3. 三轴加工中心 3 台； 4. 四轴加工中心 1 台； 5. 五轴加工中心 1 台； 6. 数控铣床 2 台	900	满足模具设计与制造全流程的加工、成型实训
3	智能检测实训室(无尘)	1. 三坐标测量仪 2 台； 2. 二次元影像测量仪 2 台； 3. 视频一体机 4 台	100	满足制件及零件的质量检测
4	材料成型实训室(无尘)	1. 注塑机 2 台； 2. 视频一体机 1 台	100	满足模具试模
5	模具装配实训室	1. 钳工平台 8 台； 2. 抛光设备 8 台； 3. 台式钻床 6 台； 4. 顶针切割机 4 台； 5. 超声波清洗机 1 台	100	满足模具装配
6	智慧教室	1. 模具智能设计制造云平台； 2. 可移动拼接桌椅 30 套； 3. 笔记本电脑 30 台； 4. 多媒体设备 1 套； 5. 显示屏 4 块	100	满足模具设计、编程、仿真

(2)校外实训基地，具体内容如表 5-5 所示。

表 5-5　校外实训基地列表

合作企业名称	功能说明
××集团有限公司	采用现代学徒制方式培养学生，提供专业对口实习岗位和就业岗位，提供兼职教师和责任教师锻炼岗位，合作开发课程，指导专业建设，开展现代学徒制合作
××动力科技有限公司	采用现代学徒制方式培养学生，提供专业对口实习岗位和就业岗位，开展现代学徒制合作
××××制模有限公司	采用现代学徒制方式培养学生，提供专业对口实习岗位和就业岗位，提供兼职教师和责任教师锻炼岗位，合作开发课程，指导专业建设，开展现代学徒制合作
××汽车零部件有限公司	采用现代学徒制方式培养学生，提供专业对口实习岗位和就业岗位，提供兼职教师和责任教师锻炼岗位，合作开发课程，指导专业建设，开展现代学徒制合作
××××实业股份有限公司	采用现代学徒制方式培养学生，提供专业对口实习岗位和就业岗位，提供兼职教师和责任教师锻炼岗位，合作开发课程，指导专业建设，开展现代学徒制合作
××××电子材料股份有限公司	采用现代学徒制方式培养学生，提供专业对口实习岗位和就业岗位，提供兼职教师和责任教师锻炼岗位，合作开发课程，指导专业建设，开展现代学徒制合作
××科技集团股份有限公司	采用现代学徒制方式培养学生，提供专业对口实习岗位和就业岗位，提供兼职教师和责任教师锻炼岗位，合作开发课程，指导专业建设，开展现代学徒制合作
××五金制造有限公司	采用现代学徒制方式培养学生，提供专业对口实习岗位和就业岗位，提供兼职教师和责任教师锻炼岗位，合作开发课程，指导专业建设，开展现代学徒制合作

3)教学资源

(1)推荐教材，具体如下。

①"十三五"职业教育国家规划教材《注塑模具 CAD/CAE/CAM 综合训练》，大连理工大学出版社，2020；

②与行业企业合作开发特色鲜明的活页式或工作手册式教材。

(2)图书文献配备的基本要求。

图书文献配备能满足人才培养、专业建设、教学科研等工作的需要,方便师生查询、借阅。专业类图书文献查询主要包括:知网、万维网、北大核心等。

(3)其他教学资源。

①虚拟仿真软件。用于模拟塑料流动过程进行模具设计、模流分析完成注塑工艺参数的优化,以及在线检测加工过程中的质量监控。

②实训实操回溯系统。用于过程管理、实操评价与追溯。

③职教云平台。用于课前任务发布、考核以及学生自主学习。

④国家级精品教学共享课程。用于模具设计与制造专业相关内容的学习。

六、课程考核方案

本课程基于成果导向的理念,实现学评同步、以评促学、岗课赛证相结合的全过程考核的方式,构建"四情境—四阶段"多元的考核体系。

考核内容:包括学习态度、学习过程、产品评价三个部分。

考核主体:采取学生自评、同学互评、教师(包括指导教师和企业专家)评价等多种方式相结合。

考核权重:理解指标权重15%、应用指标权重25%、优化指标权重35%和创造指标权重25%。课程评价体系如表5-6所示。

表5-6　课程评价体系

情境	指标	一级指标	观测点	评价主体	记录主体	评价标准	对应情景
指尖数字平台(A) 研训中心(B)	基础指标	理解15%	企业调研 企业参观	师评 小组长评	组长	结合专业撰写心得提交即得60分,根据专业的契合度加分	D
			网络资源观看	师评	职教云	根据视频学习时长机评	A、B、C、D
			讨论	师评	组长	提交即得60分,深度讨论加5～10分	A、B、C、D
			笔记	学生评	职教云	提交即得60分,提出问题加10分,写出感想加5分	A、B、C、D
			提问	师评	教师	回答正确加5分	A、B、C、D

续表

情境	指标	一级指标	观测点	评价主体	记录主体	评价标准	对应情景
仿真实操机房(C) 企业车间(D)	基础指标	应用25%	小组竞赛	师评	教师	根据小组竞赛成绩加5～10分	B
仿真实操机房(C) 企业车间(D)	基础指标	应用25%	作业	师评 企评 学生互评	职教云	提交即得60分;按平台标准加分	A、B、C、D
仿真实操机房(C) 企业车间(D)	基础指标	应用25%	汇报	师评	组长	提出即得60分,根据合理性加5～10分	A、B、C、D
仿真实操机房(C) 企业车间(D)	基础指标	应用25%	过程及结果点评	师评 企评 学生互评	组长	根据建议的合理性加分	A、B、C、D
仿真实操机房(C) 企业车间(D)	基础指标	应用25%	仿真	师评	平台	根据平台标准评分	A、B、C
仿真实操机房(C) 企业车间(D)	基础指标	应用25%	提出问题	师评	教师	按问题难易程度加分	A、B、C、D
仿真实操机房(C) 企业车间(D)	基础指标	应用25%	头脑风暴	师评	教师	有价值的建议加5分	A、B、C、D
仿真实操机房(C) 企业车间(D)	基础指标	优化35%	优化方案制定	师评 企评 学生互评	教师	根据优化方案的合理性加分	A、B、C、D
仿真实操机房(C) 企业车间(D)	基础指标	优化35%	汇报	师评	组长	提出即得60分,根据正确性加5～10分	A、B、C、D
仿真实操机房(C) 企业车间(D)	基础指标	优化35%	合理性	师评 企业评	教师	依据企业标准不合理的一个结构扣5分	A、B、D
仿真实操机房(C) 企业车间(D)	基础指标	优化35%	完整性	师评 企业评	教师	依据企业标准缺少一个结构扣5分	A、B、C、D
仿真实操机房(C) 企业车间(D)	基础指标	创造25%	优化方案实施	师评 企评 技能大师	职教云	优化后方案质量按平台标准加分	A、B、C
仿真实操机房(C) 企业车间(D)	基础指标	创造25%	标准库建设	师评 企业评 技能大师	教师	标准库中标准入库加5分/件	A、C
仿真实操机房(C) 企业车间(D)	基础指标	创造25%	技术技能竞赛	师评 技能大师	教师	根据学生获奖情况进行加分(国赛、省赛、校赛加分不同)	A、B、C
仿真实操机房(C) 企业车间(D)	基础指标	创造25%	技术创新	师评 企评	教师	撰写发明专利加20分;实用新型加10分;有创意加5分	A、B、C、D
仿真实操机房(C) 企业车间(D)	基础指标	创造25%	社会服务	师评 企业评	教师	根据为企业服务情况进行加分,给企业提出合理性建议加10分	D

七、授课进程与安排

授课进程与安排即学期授课计划如表 5-7 所示。

表 5-7 学期授课计划表

一、课程基本信息

课程名称	塑料模具设计与制造	学分	2	学时	48
课程代码	K2101000007	课程类型	专业核心课		
授课对象	模具设计与制造专业				
先修课程	机械制图与公差配合 机械设计与制造基础 产品创新设计与加工 简单模具零件加工与装调 模具 CAD/CAM 技术应用	后继课程	毕业设计、顶岗实习		
课程团队成员： ××、××、×××、×××					

二、课程目标

序号	学习结果
O1	能设计三套模具的 3D 图、主要模具零件的 2D 图
O2	能根据设计图纸完成型腔、型芯零件的加工并制造出三套模具

序号	素质目标
Q1	具有规范、严谨、认真细致的工匠精神
Q2	具有诚信、敬业、科学、创新的职业素养
Q3	能够保质、保量、准时完成枯燥、繁杂的绘图任务，毅力强且具备良好的心理承受力
Q4	在完成交办的模具设计任务时，能积极主动、充分地进行沟通、协商，具备良好的合作能力及团队精神
Q5	具有能制订出切实可行的工作计划、提出解决实际问题的方法的能力

续表

序号	素质目标
Q6	能够认识到王阳明思想"心即理、致良知、知行合一"的重要性，做到学以致用
Q7	养成"爱岗敬业、争创一流、艰苦奋斗、勇于创新、淡泊名利、甘于奉献"的劳模精神
Q8	养成"崇尚劳动、热爱劳动、辛勤劳动、诚实劳动"的劳动精神
Q9	具有较强的理解、获取、利用计算机和互联网信息的能力
Q10	具有良好的质量、环保和安全意识，具有强烈的创新精神

序号	知识目标
K1	熟悉整套注塑模具的设计与制造流程，并能进行合理安排
K2	掌握对制件进行模具设计有关的结构工艺性知识
K3	掌握中等复杂注塑模具的 3D 结构设计、模具 2D 装配图绘制规范及表达方法
K4	掌握 CAE 模型处理、流程分析、工艺方案优化调整等知识
K5	了解模具设计评审的内容和方法
K6	熟悉模具主要零件、电极的加工工艺、数控编程、机械加工等知识
K7	熟练掌握模具装配设备及工具的使用方法，并能进行模具组装
K8	熟悉模具的试模过程，并能进行注塑机参数简单调试
K9	熟练掌握模具和塑料制品的检验方法
K10	熟练使用测量仪器，熟悉制品和模具的验收流程，并对客户的要求进行正确解读

序号	能力目标
S1	能够运用 CAD 软件对中等复杂的注塑模具进行设计
S2	能够运用 CAE 软件对中等复杂的注塑模具进行充模保压、冷却翘曲分析，优化并生成模流分析报告
S3	能够对模具成型零件进行数控编程及加工
S4	能够对模具进行装配、调整及功能调试
S5	能够对注塑成型参数进行优化设置、试模及制件预生产
S6	能够对模具及试制产品进行质量检测
S7	能够正确使用在线测量仪器
S8	能将模具交付给客户，并向客户提供模具设计说明书和成型生产解决方案

八、授课内容及时间进度安排

授课内容及时间进度安排如表 5-8 所示。

表 5-8 授课内容及时间进度安排

周次日期	模块名称	任务名称	讲授知识点	技能训练点	课时
第 15 周 5 月 23 日	模块一 汽车摄像头外壳模具设计与制造	任务 1 摄像头外壳模具 2D 布局设计	(1)掌握 CAD 软件成型模拟技术； (2)掌握模型导出至 CAD 软件的操作； (3)掌握模具型腔排布的方法	(1)能够使用 CAD 软件完成成型模拟； (2)能够将绘制完成的模具导出至 CAD 软件； (3)能够根据产品零件要求完成型腔的排布	4
第 15 周 5 月 24 日		任务 2 摄像头外壳模具 CAE 模流分析	(1)掌握 CAE 软件中浇注系统、冷却系统的创建方法； (2)掌握 CAE 软件中浇注系统、冷却系统的成型工艺参数设置方法； (3)掌握对摄像头外壳模具设计方案及相关工艺参数调整的方法	(1)能够使用 CAE 软件完成浇注系统、冷却系统的创建； (2)能够使用 CAE 软件对浇注系统、冷却系统进行成型工艺参数的设置； (3)能够使用 CAE 软件进行分析操作； (4)能够进行模具设计方案工艺参数的优化设置	2
第 15 周 5 月 25 日		任务 3 摄像头外壳模具分型设计	(1)掌握不同材料收缩率的设定方法； (2)掌握分型面的概念与选取原则	(1)能够根据不同材料设置正确的收缩参数； (2)能够根据产品的要求进行分型面选择	2
第 15 周 5 月 26 日		任务 4 摄像头外壳模具模架与标准件设计	(1)掌握模架大小的选择； (2)掌握模架选择的标准，模板的具体作用； (3)掌握模具标准件的设计	(1)能够识别模架类型； (2)能够根据型芯型腔大小选择合适大小的模架； (3)能够根据模具的要求完成标准件的设计	2
第 15 周 5 月 27 日		任务 5 摄像头外壳模具浇注、冷却、顶出系统设计	(1)掌握产品进胶口类型的选择方式； (2)掌握主流道设计、分流道设计； (3)掌握模具冷却水的画法及推出机构的计算方式； (4)掌握冷却水路大小的设置方法及完成推出机构的 3D 绘制	(1)能够根据产品的质量要求，分析产品的进胶方式； (2)能够完成主流道、分流道的 3D 设计； (3)能够识别出模具的不同冷却方法及辨别推出机构的方式； (4)能够绘制完成模具水路的 3D 绘制和完成推出机构的 3D 绘制	4

续表

周次日期	模块名称	任务名称	讲授知识点	技能训练点	课时
第16周 5月30日		任务6 摄像头外壳模具零件的加工工艺分析及编程加工	(1)掌握分析模具零件图的方法； (2)掌握选择加工设备、工具、夹具、量具。确定加工工序热处理的方法； (3)掌握合理的加工工艺分析方案加工工艺卡的填写方法； (4)掌握模具零件编程加工的方法	(1)能够分析模具零件2D图； (2)能够选择适合的加工设备、工具、量具、夹具等； (3)能够制定加工零件的工艺流程； (4)能够合理、完整的根据加工工艺方案填写加工工艺卡； (5)能够根据图纸要求完成模具零件的编程加工	2
第16周 5月31日	模块二 汽车摄像头镜片支架模具设计与制造	任务1 摄像头镜片支架模具2D布局设计	(1)掌握CAD软件成型模拟技术； (2)掌握模型导出至CAD软件的操作； (3)掌握镜片支架模具型腔排布的方法	(1)能够使用CAD软件完成成型模拟； (2)能够将绘制完成的镜片支架模具导出至CAD软件； (3)能够根据产品零件要求完成型腔的排布	2
第16周 6月1日		任务2 摄像头镜片支架模具3D结构设计	(1)阐明浇注系统、顶出机构、温控系统、定位系统、电极设计的标准； (2)掌握电极设计尺寸与实际放电间隙的关系逻辑； (3)概述镜片模具设计的知识	(1)能独立自主地完成浇注系统、顶出机构、温控系统、定位系统及电极的设计； (2)能够针对镜片模具选择顶出方式和定位等级； (3)能够熟练地使用模具智能设计软件	2
第16周 6月2日		任务3 摄像头镜片支架模具零件的加工工艺分析	(1)掌握分析镜片支架模具零件图的方法； (2)掌握选择加工设备、工具、夹具、量具，确定加工工序热处理的方法； (3)掌握合理的加工工艺分析方案、加工工艺卡的填写方法； (4)掌握镜片支架模具零件编程加工的方法	(1)能够分析镜片支架模具零件2D图； (2)能够选择适合的加工设备、工具、量具、夹具等； (3)能够制定加工零件的工艺流程； (4)能够合理、完整的根据加工工艺方案填写加工工艺卡； (5)能够根据图纸要求完成模具零件的编程加工	2

续表

周次日期	模块名称	任务名称	讲授知识点	技能训练点	课时
第 17 周 6 月 6 日	模块二 汽车摄像头镜片支架模具设计与制造	任务 4 摄像头镜片支架模具型腔的编程加工	(1)掌握型腔零件加工刀具的选择方法； (2)掌握型腔零件开粗的编程方法； (3)掌握型腔零件半精加工的编程方法； (4)掌握型腔零件精加工的编程方法	(1)能够分析零件尺寸，选择合适的刀具； (2)能够根据刀具的大小和产品形状创建开粗程序； (3)能够根据开粗结果完成半精加工程序的创建； (4)能够根据图纸要求完成型腔零件的编程	2
第 17 周 6 月 7 日	模块二 汽车摄像头镜片支架模具设计与制造	任务 5 摄像头镜片支架模具型芯的编程加工	(1)掌握型芯零件开粗的编程方法； (2)掌握型芯零件半精加工的编程方法； (3)掌握型芯零件精加工的编程方法	(1)能够根据刀具的大小和型芯分析结果创建开粗程序； (2)能够根据开粗结果完成半精加工程序的创建； (3)能够根据图纸要求完成型芯零件的编程	2
第 17 周 6 月 8 日	模块二 汽车摄像头镜片支架模具设计与制造	任务 6 摄像头镜片支架模具零件抛光	(1)掌握抛光工具的正确使用方法； (2)掌握型芯、型腔零件的抛光要求； (3)掌握型芯型腔零件抛光的操作方法	(1)能够区分抛光工具； (2)能够正确地使用抛光工具，按照要求完成型芯型腔零件的抛光	2
第 17 周 6 月 9 日	模块二 汽车摄像头镜片支架模具设计与制造	任务 7 摄像头镜片支架模具零件装配	(1)掌握钻床、顶针切割机等装配使用的设备工具； (2)掌握螺纹的制作要求； (3)掌握模具装配流程的方法	(1)能够正确地使用钻床、顶针切割机等装配设备工具； (2)能够正确地完成模具上孔的加工； (3)能够按照顺序完成模具的装配	2
第 17 周 6 月 10 日	模块二 汽车摄像头镜片支架模具设计与制造	任务 8 摄像头镜片支架模具试模	(1)掌握模具试模过程； (2)掌握注塑机的基本操作； (3)掌握注塑成型的基本参数调试	(1)能够安全规范地操作注塑机； (2)能够调试试模的基本参数； (3)能够规范地完成模具的成型流程	2

续表

周次日期	模块名称	任务名称	讲授知识点	技能训练点	课时
第 18 周 6 月 13 日	模块三 汽车摄像头镜片模具设计与制造	任务 1 镜片模具二维数字化设计	(1)了解镜片模具行业发展的状况和生产特点； (2)掌握排位方法和操作流程； (3)掌握镜片模具开模的工艺方案	(1)能分析产品的结构，解读图纸的技术要求； (2)能根据工艺进行排位和分型； (3)能正确设置模架的参数并调用模架	2
第 18 周 6 月 14 日		任务 2 镜片模具三维结构设计	(1)阐明浇注系统、顶出机构、温控系统、定位系统、电极设计的标准； (2)掌握电极设计尺寸与实际放电间隙的关系逻辑； (3)概述镜片模具设计的知识	(1)能独立自主地完成浇注系统、顶出机构、温控系统、定位系统及电极的设计； (2)能够针对镜片模具选择顶出方式和定位等级； (3)能够熟练地使用模具智能设计软件	2
第 18 周 6 月 15 日		任务 3 镜片模具模流分析优化	(1)掌握模流网格优化、浇口设置、分析报告数据等知识； (2)阐述模流分析流程	(1)能优化网格修复，设置浇口最佳位置，分析数据； (2)能操作 Moldex3D 软件； (3)能正确设置工艺分析参数	2
第 18 周 6 月 16 日		任务 4 镜片模具零件编程粗加工	(1)了解加工监控过程标准； (2)理解“CAVITY_MILL”效率提升关键参数功能、逻辑关系； (3)掌握刀具装夹要领	(1)能填写工艺卡，优化编程关键参数； (2)能通过“四步法”安全规范装夹刀具； (3)能调动“三觉”判断加工过程异常情况，并能及时做出调整	2
第 18 周 6 月 17 日		任务 5 镜片模具零件编程精加工	(1)能解释精光编程曲面铣削中螺旋驱动关键参数功能； (2)能描述在线检测“四步法”流程、关键步骤的操作要领； (3)能总结精光质量要求：刀痕方向、粗糙度、尺寸公差	(1)能设置精光编程主要参数并优化刀轨； (2)能操作在线检测程序仿真验证； (3)能按照“四步法”流程对精光区域执行检测操作	2

续表

周次日期	模块名称	任务名称	讲授知识点	技能训练点	课时
第 19 周 6 月 20 日	模块三 汽车摄像头镜片模具设计与制造	任务 6 镜片模具零件特种加工	(1)了解放电加工工作原理； (2)掌握放电加工编程关键参数功能； (3)描述电极装夹要领	(1)能合理设置放电加工编程主要参数； (2)能对放电加工程序执行仿真验证	2
第 19 周 6 月 21 日		任务 7 模具零件装配	(1)掌握模具装配全流程操作； (2)掌握装配工具的安全、正确的使用方法	(1)能根据装配图使用装配工具完成模具的上下模的装配任务； (2)能根据合模完成的模具判断模具合模情况	2
第 19 周 6 月 22 日		任务 8 镜片模具试模验证	(1)掌握注塑机自动调模操作； (2)掌握常用塑料牌号及熔胶温度	(1)具有塑件外观缺陷分析的能力； (2)能根据塑件外观缺陷进行注塑参数的优化	2

第二节　范例：塑料模具设计与制造课程教案

教案 1：镜片模具二维数字化设计

镜片模具二维数字化设计，如表 5-9 所示。

表 5-9　镜片模具二维数字化设计

<table>
<tr><td rowspan="4">基本信息</td><td>授课主题：镜片模具二维数字化设计</td><td>课程名称：塑料模具设计与制造</td></tr>
<tr><td>授课班级：模具 3205 班
（××企业现代学徒制班）</td><td>授课时间：2022 年 6 月 13 日 周一</td></tr>
<tr><td>授课地点：企业注塑车间</td><td>授课学时：2 学时</td></tr>
<tr><td>授课人数：24 人</td><td>授课类型：理实一体化</td></tr>
<tr><td>教学内容</td><td colspan="2">本次是模块三的第一次课，主要包含四点内容：交代项目背景与任务，多腔模排位设计、镜片模具分型操作、高精密模架设计。
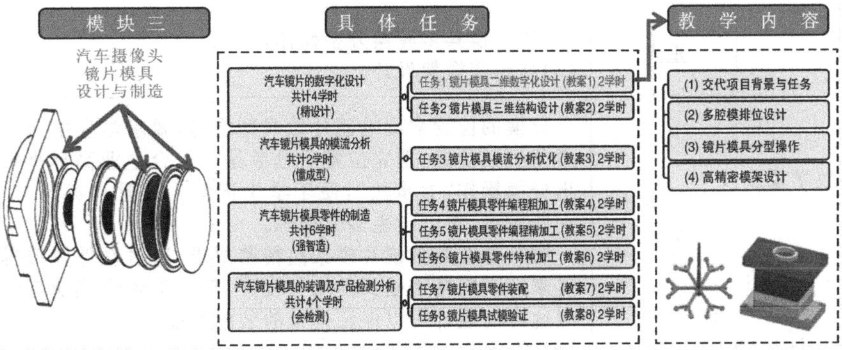
</td></tr>
</table>

续表

<table>
<tr><td rowspan="4">学情分析</td><td>知识和技能基础分析</td><td>(1)工艺理论上懂得模具成型原理和基本三维结构，但是没有多腔模设计经验；
(2)具备基本的识图能力</td></tr>
<tr><td>认知和实践能力分析</td><td>(1)在老师的引导下能逐步分析多腔模的优劣；但对排位方式选择没有把握；
(2)能完成 CAD 建模基本操作但缺乏技巧</td></tr>
<tr><td>学习特点分析</td><td>(1)对多腔模表现出强烈的兴趣，岗位配合默契度提升，团队意识增强；
(2)效率意识淡薄，但可塑性强容易引导</td></tr>
<tr><td colspan="2">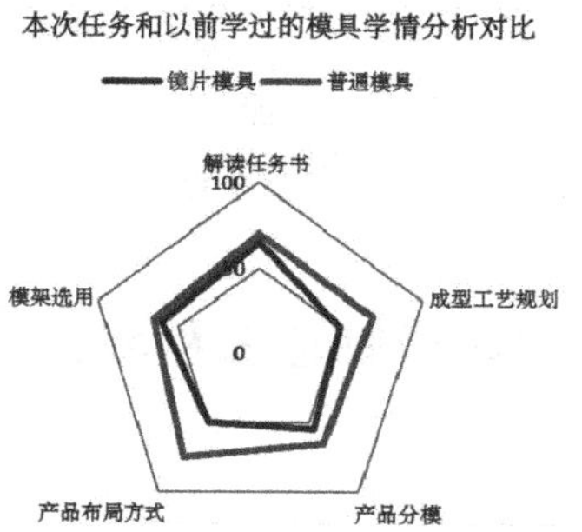

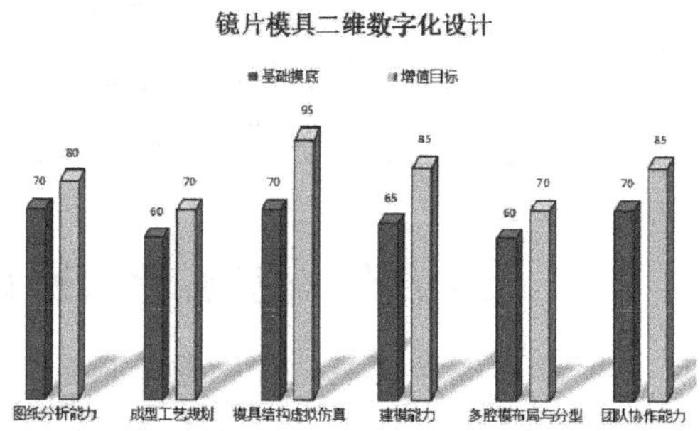
</td></tr>
<tr><td rowspan="3">教学目标</td><td>素质目标</td><td>(1)遇到设计任务难点要知难而进；
(2)发挥团队优势，齐心合力攻克难点；
(3)增强职业认同感，具有技能报国的家国情怀和使命担当</td></tr>
<tr><td>知识目标</td><td>(1)了解镜片模具行业的发展和生产特点；
(2)掌握排位方法和操作流程；
(3)掌握镜片模具开模的工艺方案</td></tr>
<tr><td>能力目标</td><td>(1)能分析产品结构，解读图纸的技术要求；
(2)能根据工艺进行排位和分型；
(3)能正确设置模架参数调用模架</td></tr>
<tr><td rowspan="2">教学重点</td><td>重点</td><td>(1)镜片模具多腔模分型操作；
(2)高精密模架设计</td></tr>
<tr><td>解决措施</td><td>分模的位置会影响镜片的成型质量，要求学生按照分模原则思考分型面位置，选完位置后思考是否符合企业高标准要求。总结出分模操作“七步法”，便于学生记忆。设置竞赛环节，营造技能训练氛围，帮助学生多学多练。
解析企业光学镜片模架高精密要求，通过软件虚拟拆装镜片模具来解读高精密模具的结构设计，帮助学生快速地理解为什么采用这样的设计可以保证模架的装配精度</td></tr>
</table>

续表

<table>
<tr><td rowspan="2">教学难点</td><td>难点</td><td colspan="3">多腔模排位的设计优化</td></tr>
<tr><td>突破策略</td><td colspan="3">解析"一短三衡"排位原则。通过头脑风暴组织学生探讨，汇集全体智慧确定最优方案。镜片样品实物展示，解析企业布局标准，引入企业布局方案，加深学生对"一短三衡"排位原则的理解和应用。比对分析企业方案，引导学生从项目整体上去理解排位并进行高效率设计，反思排位原则，突破难点</td></tr>
<tr><td rowspan="2">使用教材</td><td colspan="3">"十三五"职业教育国家规划教材
《注塑模具 CAD/CAE/CAM 综合实训》</td><td></td></tr>
<tr><td colspan="3">现代学徒制校企合作开发系列工作页教材
《模具设计与制造综合实训工作页》</td><td>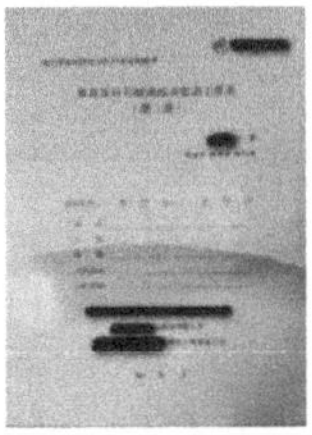</td></tr>
<tr><td rowspan="2">教学资源</td><td></td><td></td><td></td><td>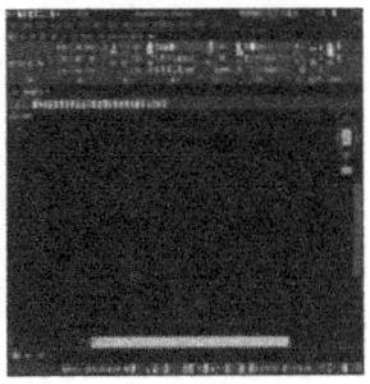</td></tr>
<tr><td>智慧职教平台</td><td>××企业实训基地</td><td>模具设计加工软件
NX12.0</td><td>模具二维设计软件
AutoCAD 2018</td></tr>
</table>

续表

教学流程	本次课为镜片模具二维数字化设计，重点是针对镜片产品的结构特点和企业对模具的“三高”（高标准、高精度、高效率）要求，设计合理的产品排位（高效率），并对模具进行分模（高标准）和调用模架（高精度），为后续三维结构设计、模流分析、零件编程加工、装配、试模验证打下基础。教学过程分为课前、课中、课后三个阶段八个步骤，教学流程如下 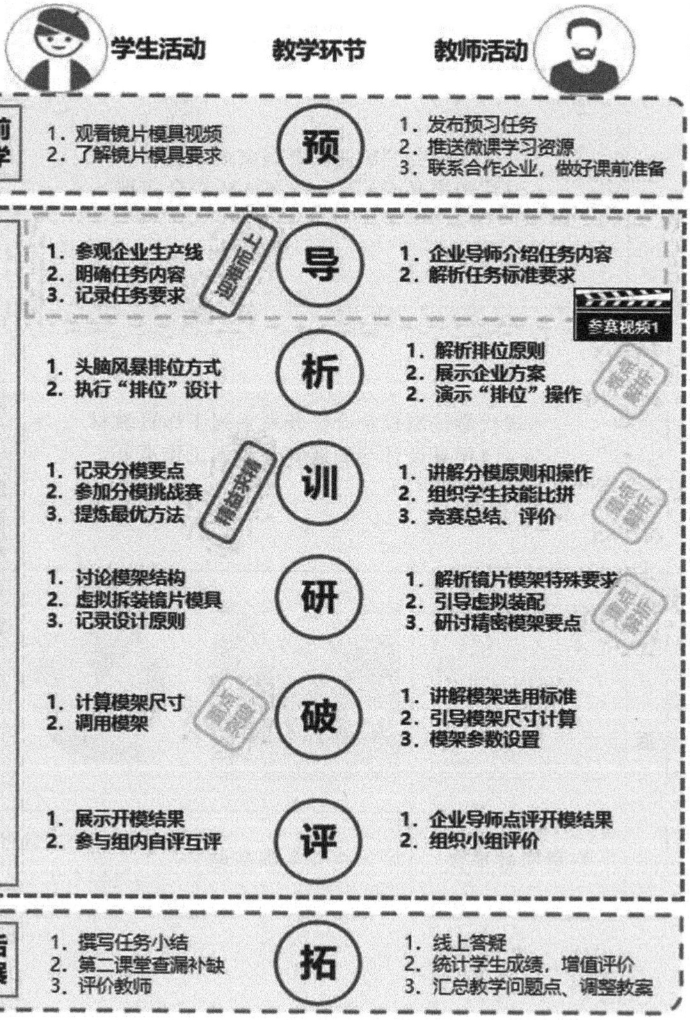

续表

教学过程安排				
课前导学				
教学环节	教学内容	教师活动	学生活动	设计意图
预	(1)行业背景： 了解光学镜片在汽车行业的应用，了解镜片模具行业的发展状况； (2)了解企业： 了解合作企业镜片的生产过程：设计、加工、装配、试模； (3)镜片模具的技术要求和标准： 分析镜片模具的特点及技术要求； 发布企业镜片模具的开发流程和标准； (4)镜片建模： 根据镜片图纸完成产品的三维建模	【发布任务】 (1)查阅资料了解光学镜片在汽车行业的应用； (2)至少查阅光学镜片模具专利一篇； (3)观看微课视频及文本资料了解光学行业背景； (4)发布镜片图纸 【推送资源】 推送课程学习资源到职教云平台，上镜片模具开发流程和标准 【准备教具】 准备好一副光学镜片模具，上注塑机试模，确保模具正常工作	【完成任务】 (1)通过互联网了解汽车行业所用到的光学产品； (2)查阅镜片模具相关的专利； (3)在职教云平台查看光学行业的背景，了解任务； (4)思考镜片模具和以前认识的模具有何区别； (4)下载图纸完成镜片产品的三维建模	(1)通过视频学习，让学生了解镜片模具行业的状态； (2)通过总任务书，让学生整体把握任务的要求； (3)分组形成团队

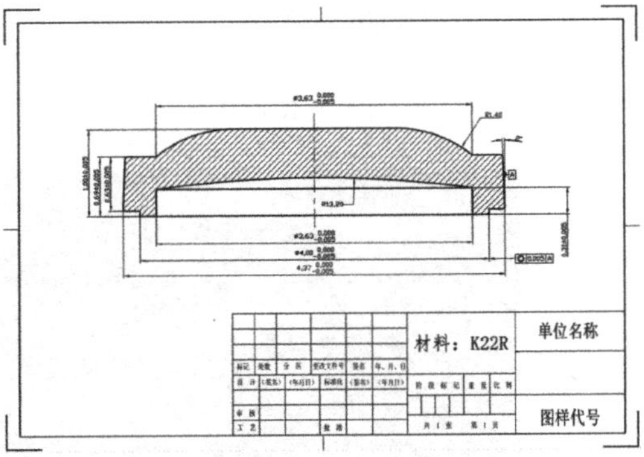

汽车摄像头镜片零件图纸

续表

课中探究(80 分钟)				
教学内容	教学内容	教师活动	学生活动	设计意图
参赛视频1 导 任务导入 企业课堂 (10 分钟) 思政融入	(1)任务情境: 介绍合作企业背景,引出本次项目任务。参观自动化注塑生产线,下发注塑出来的镜片样品,引入本次模具项目内容。 (2)明确任务要求: 讲解合格的镜片具有表面无缺陷,内部无杂质,镜片通透的特征。光学镜片模具的特殊性在于不能手动抛光,只能依靠精密设备一次成型,解析高精密的模具结构特点。 (3)课程思政: 鼓舞学生迎难而上,不怕困难	【背景介绍】 在注塑车间介绍合作企业在光学领域的地位和主营的产品 【发布任务】 请企业导师介绍模块三任务,明确镜片模具的设计标准和要求 【参观生产线】 由企业导师带领学生参观生产线,简单介绍自动化注塑过程 【产品背景】 下发镜片样品,讲解镜片应用场景 【镜片检测】 企业导师用显微镜展示合格的镜片是怎么样的 【展示模具】 通过职教云平台,展示精密模具是什么样的,讲解光学镜片模具的特殊性 【思政引入】 要迎难而上,自强不息,有灵气有活力	【了解整体】 聆听项目背景,了解镜片模具应用 【明确任务】 听企业导师讲解模块三任务,记录模具设计标准和要求 【交流互动】 参观产线,自由提问; 观察镜片样品,讨论模具设计,思考成型过程; 讨论镜片模具特点 【要点记录】 记录合格的镜片特征和精密模具特点	(1)通过介绍合作企业,激发学生民族自豪感; (2)在企业背景下接受任务,激发学生的使命担当; (3)由毕业学长担任企业导师,讲解本次任务内容,树立榜样形象; (4)现场展示自动化生产线和镜片检测环节,要求学生设计要符合企业生产需求,生产制造要着眼于细节; (5)抛出企业瓶颈问题,激发学生的挑战性; (6)课程思政引导学生养成迎难而上、自强不息的精神,激发学生技能报国的家国情怀

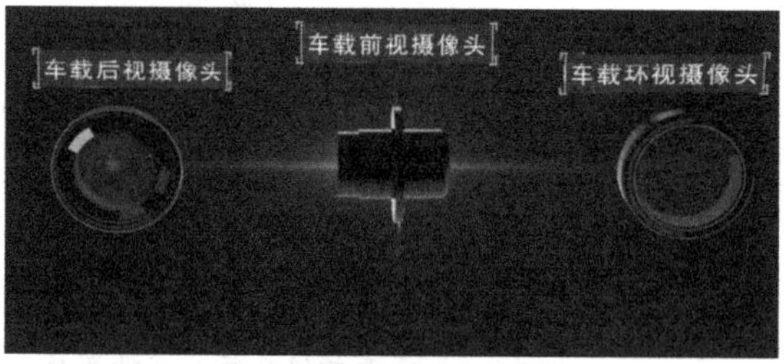

车载光学镜片应用场景

续表

<table>
<tr><th>教学环节</th><th>教学内容</th><th>教师活动</th><th>学生活动</th><th>设计意图</th></tr>
<tr><td rowspan="2">析
排位分析
头脑风暴
(10 分钟)</td><td>(1)排位四大原则：流道最短、温度平衡、压力平衡、进料平衡；
(2)排位设计：根据成型工艺方案对镜片产品进行排位设计，讨论四大原则在实际设计过程中的应用，完成模具的排位设计</td><td>【排位方式】
(1)解析排位的四大原则；
(2)组织学生头脑风暴探讨最佳的产品排位方式；
(3)展示企业排位方案，分析方案的优点
【示范操作】
操作 NX 软件演示产品的排位操作</td><td>【头脑风暴】
根据四大原则，围绕产品排位方式进行一分钟讨论，投票选出最好的两个方案进行辩论，再评选出最佳排位方式
【记录要点】
记录企业排位设计的优点，观看排位操作步骤</td><td>(1)通过四大原则进行排位设计，要求方案合理高效；
(2)通过头脑风暴，互相分享排位设计方案，取长补短；
(3)展示企业方案，与企业设计标准同步</td></tr>
<tr><td colspan="4">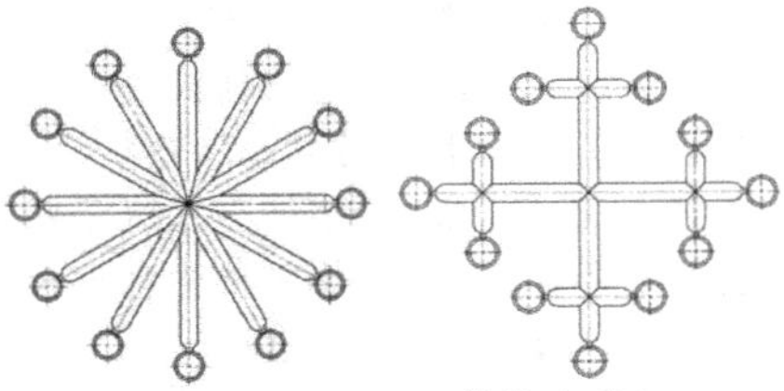
排位方式
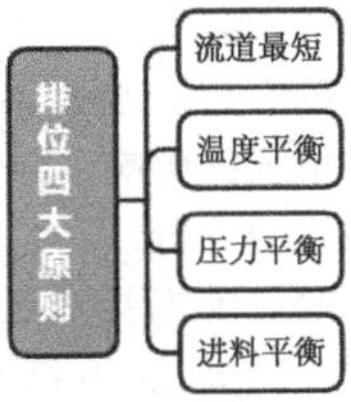
排位原则</td></tr>
<tr><td>训
赛训结合
分模实践
(20 分钟)</td><td>(1)分模四原则：
①确保塑件尺寸精度；
②便于脱模；
③便于排气；
④便于加工；
(2)分模七步法：
①设置收缩率；
②设置坐标系；
③创建模仁；
④区域检查；
⑤创建分析线；
⑥创建分型面；
⑦分模</td><td>【解析分模原则】
讲解镜片模具分型面要怎么选，要考虑哪些因素
【演示分模】
操作 NX 软件，演示分模操作七步法
【巡视指导】
查看分模进度，解答学生疑问。搜集疑难点，针对性进行示范
【技能比拼】
发布镜片分型挑战赛，鼓励学生多学多练，提升操作水平；
对本次表现优异的同学进行表彰</td><td>【记录要点】
记录镜片分型原则和操作步骤，完成分模
【组间竞技】
参加"镜片分型"挑战赛
【竞赛总结】
学生代表梳理操作步骤，提炼最优操作方法</td><td>(1)通过讲解分模原则，要求学生设计合理，便于后续加工；
(2)用七步法讲解分模流程，便于学生记忆，防止漏操作；
(3)设置技能比拼环节，营造"自我提升，自我超越"的学习氛围；
(4)通过竞赛总结提炼最优，要求学生做事精益求精</td></tr>
</table>

续表

教学环节	教学内容	教师活动	学生活动	设计意图
研 虚拟装配边学边做(20分钟)	模架解析： (1)认识镜片模具零件； (2)讲解模架零件的尺寸精度要求； (3)保证各零件之间的定位精度工艺方法； (4)对比镜片零件的特点 模具装配解析： (1)模架的装配精度要求； (2)装配顺序和装配方法对模具装配精度的影响 成型分析： 通过虚拟拆装镜片模具的整体结构，想象镜片注塑成型过程 综合表现点评： 对小组成员的装配顺序和装配速度解析点评	【结构解析】 (1)通过爆炸图来认识镜片模具零件，对比镜片模具零件和普通模具零件的区别； (2)讲解高精密的配合件，是怎么保证定位误差的； (3)通过边拆边讲解的方式，来陈述这些结构是怎么保证装配精度的 【引导虚拟装配】 通过讲解拆的注意要点，引导学生思考装的顺序，填写装配顺序表 【巡视指导】 巡回指导答疑 【组织讨论】 组织学生讨论高精密模架设计的要点	【拆装模具】 (1)记录精密模架设计的要点； (2)组内配合完成模具拆装训练； (3)根据拆装经验填写装配顺序表 【讨论交流】 (1)边拆边讨论镜片模具注塑成型过程； (2)对于高精密模架的设计，提出自己的想法，对结构进行创新 【共享经验】 组间分享展示镜片模具结构虚拟拆装的过程	(1)由于光学镜片成型要求非常高，所以镜片模架结构和以往学过的模架不同，属于重点知识，需要研讨； (2)通过软件虚拟拆装环节帮助学生了解镜片模具的结构，边做边学可以加深模具结构的印象； (3)组织学生讨论模架设计要点，发表对精密模架结构的看法，激发学生想出结构的创新点

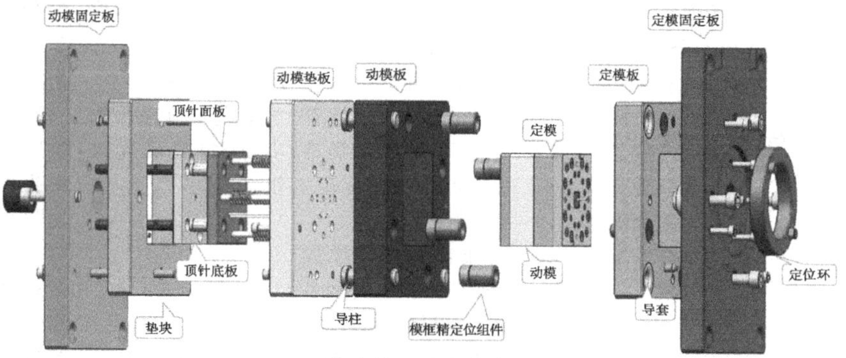

镜片模具结构解析

续表

教学环节	教学内容	教师活动	学生活动	设计意图
破 模架选用讨论分析（10分钟）	模架选型： (1)模架选用标准； (2)模架各尺寸参数计算； (3)输入参数，模架参数分析 模架库设计： 使用模架库设计模架	【模架选用】 (1)介绍镜片模架库特点； (2)讲解模架选用标准； (3)解析模架主要尺寸参数计算方式； (4)演示模架调用 【巡视指导】 巡回指导答疑	【讨论分析】 对比新旧模架，讨论记录新模架类型的特点 【模架调用】 (1)计算模架尺寸参数； (2)设置模架参数，初步调用模架	(1)引入新模架库，扩展学生的知识面； (2)学会模架的参数计算，以及如何进行参数化调用模架
	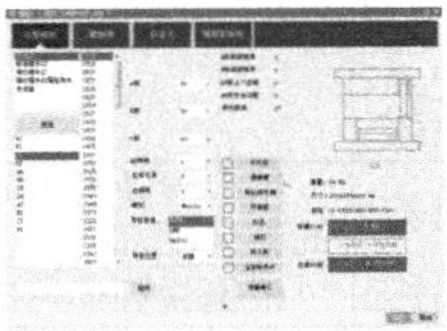 模架库参数界面	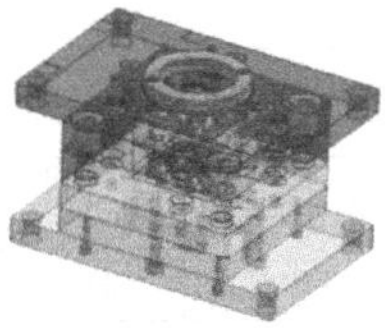 镜片专用模架效果		
评 回顾总结增值评价（10分钟）	评价镜片模数字化设计： (1)从三方面点评，分型面的设置、产品的排位布局、模架的选用； (2)评判标准（三高）：图纸技术要求（高标准）、产品布局（高效率）、模具结构设计（高精密）	【结构点评】 (1)提供评价标准，由企业导师抽取一组进行模具设计方案点评，提出修改意见； (2)组织小组对模具结构互相评价 【回顾总结】 总结任务，重申模具设计的标准和要求	【方案展示】 各组简要汇报开模结果：排位、分型、模架3D 【组间评价】 各小组根据评价标准对模具设计进行评分，最高分组分享设计经验 【提交文件】 上传结果文件，整理机位	(1)由企业工程师点评，引入企业设计标准，要求学生设计符合"三高"要求； (2)组件互评环节让学生自己感受差距，激发其学习动力
	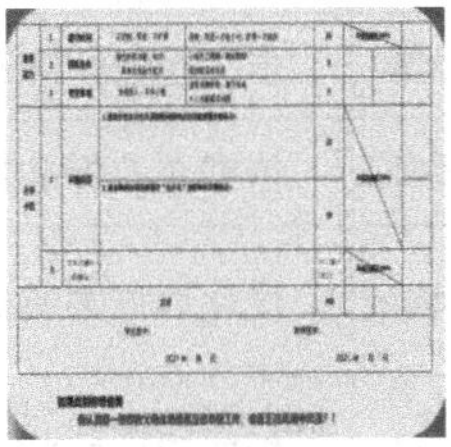 评价标准	 小组评价		

续表

课后拓展				
教学环节	教学内容	教师活动	学生活动	设计意图
拓 课后拓展 拓展性 学习	(1)了解学情：通过问卷了解学生课程内容掌握的程度； (2)课后作业：撰写任务小结； 发布课程内容大纲，学生根据大纲知识点进行查漏补缺，再根据个人综合水平，分层次选择综合题库案例完成模具二维数字化设计； (3)评价：公布学生成绩，表彰先进	【发布作业】 通过职教云发布课程内容问卷和课后作业 【批阅作业】 (1)登录职教云查看学生问卷信息，对学生发表的疑问进行解答； (2)下载并批阅作业，统计学生成绩，完成增值评价 【反思总结】 根据问卷反思本次课的教学效果，收集问题点反馈专业组，讨论后做出调整	【完成作业】 (1)完成课程问卷、撰写任务小结； (2)完善第二课堂任务，对照教学内容大纲进行查漏补缺，完成作业打包上传职教云平台 【师生交流】 通过职教云平台、班级群等和教师进行交流，对课程内容提问并提出教学建议	(1)撰写小结，进一步提升学生的工艺表达能力； (2)通过问卷和线上交流，了解学生当前课程内容的掌握状况，及时调整教学方式方法

教学评价						
四情境	指标	一级指标	观测点	评价主体	记录主体	评价标准
指尖数字(A) 研训中心(B) 仿真实操(C) 企业车间(D)	基础指标	理解15%	企业调研 企业参观	师评 小组长评	组长	结合专业撰写心得提交即得 60 分，根据专业的契合度加分
			网络资源观看	师评	职教云	根据视频学习时长机评
			讨论	师评	组长	提交即得 60 分，深度讨论加 5～10 分
			笔记	学生评	职教云	提交即得 60 分，提出问题加 10 分，写出感想加 5 分
			提问	师评	教师	回答正确加 5 分
		应用25%	小组竞赛	师评	教师	根据小组竞赛成绩加 5～10 分
			作业	师评 企评 学生互评	职教云	提交即得 60 分；按平台标准加分
			汇报	师评	组长	提出即得 60 分，根据合理性加 5～10 分
			过程及结果点评	师评 企评 学生互评	组长	根据建议的合理性加分
			仿真	师评	平台	根据平台标准评分
			提出问题	师评	教师	按问题难易程度加分
			头脑风暴	师评	教师	有价值的建议加 5 分
		优化35%	优化方案制订	师评 企评 学生互评	教师	根据优化方案的合理性加分
			汇报	师评	组长	提出即得 60 分，根据正确性加 5～10 分
			合理性	师评 企业评	教师	依据企业标准不合理一个结构扣 5 分
			完整性	师评 企业评	教师	依据企业标准缺少一个结构扣 5 分
		创造25%	优化方案实施	师评 企评 学生互评	职教云	优化后方案质量按平台标准加分
			标准库建设	师评 企评 学生互评	教师	标准库中标准入库+5 分/件

续表

课后反思	
教学效果	(1)镜片模具是本项目的载体，而镜片又是该副模具的产品，交代项目背景，对学生全面了解镜片制造的特点起到了关键作用，进而引发对镜片模具"三高"(高标准、高精度、高效率)的强烈好奇； (2)基于镜片模具的开发真实过程组织教学，明确技术要点要求，使学生沉浸在真实的任务环境中，激发学生的学习主动性，培养学生的岗位责任意识，为后续结构设计、模流分析、零件加工、装配验证拉开序幕
教学不足	学生参与企业认知学习的时间较短，难以快速地建立起职业素养
改进措施	(1)校企需要进一步加强合作，建立起教学良性互动的机制，做到设备、软件和技术等与时俱进，持续提升教学效果； (2)教师定期下企业进行实践，做到校企技术同步

教案 2：镜片模具零件编程粗加工

镜片模具零件编程粗加工，如表 5-10 所示。

表 5-10 镜片模具零件编程粗加工教案

<table>
<tr><td rowspan="4">基本信息</td><td>授课主题：镜片模具零件编程粗加工</td><td>课程名称：塑料模具设计与制造</td></tr>
<tr><td>授课班级：模具 3205 班
（××企业现代学徒制班）</td><td>授课时间：2022 年 6 月 16 日 周四</td></tr>
<tr><td>授课地点：研训中心</td><td>授课学时：2 学时</td></tr>
<tr><td>授课人数：24 人</td><td>授课类型：理实一体化</td></tr>
<tr><td>教学内容</td><td colspan="2">本次课对镜片模具成型零件进行开粗加工进行了介绍，主要包含四点内容：模具成型零件开粗工艺规划、开粗编程优化、开粗加工刀具装夹操作、模具成型零件开粗管控。本课还介绍了学生对开粗工艺、编程的优化能力以及对开粗加工过程异常情况的管控能力，持续提升学生的核心能力和职业素养。
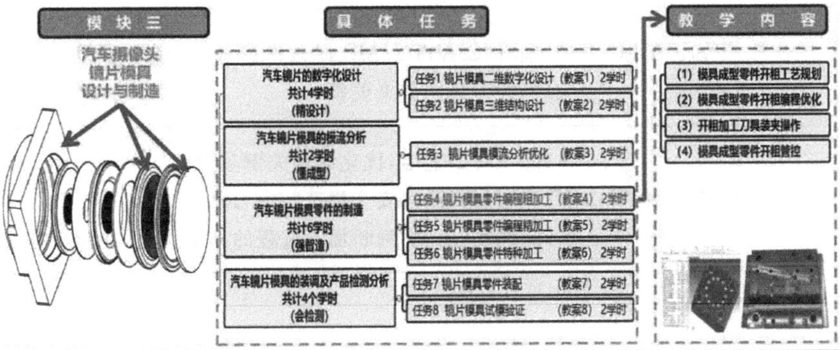
</td></tr>
</table>

续表

<table>
<tr><td rowspan="4">学情分析</td><td>知识和技能基础分析</td><td>(1)工艺理论上掌握零件开粗常规参数设置，能顺利完成刀轨仿真；
(2)具备加工过程管控的基本能力：传输、装夹、手动测量等</td></tr>
<tr><td>认知和实践能力分析</td><td>(1)会创建开粗工序，但对设置关键参数提升效率能力不足；
(2)会独立操作机床，但缺乏加工过程异常情况的处理经验，对刀具装夹动作细节不规范</td></tr>
<tr><td>学习特点分析</td><td>(1)对提升加工效率表现出强烈的兴趣，可通过课堂思政激发学生的学习兴趣；
(2)思维活跃，但是创新意识和岗位职责担当意识不够</td></tr>
<tr><td colspan="2">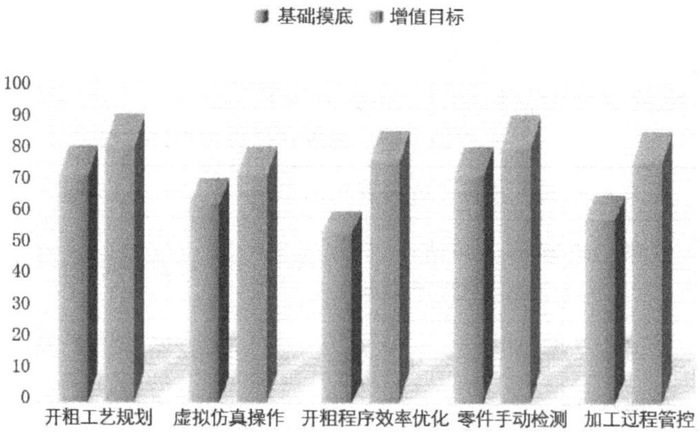
</td></tr>
<tr><td rowspan="3">教学目标</td><td>素质目标</td><td>(1)树立“质量第一、效率兼顾”的主人翁责任感；
(2)提升“安全第一”的生产意识</td></tr>
<tr><td>知识目标</td><td>(1)了解加工监控的过程和标准；
(2)理解“CAVITY_MILL”效率提升关键参数的功能、逻辑关系；
(3)掌握刀具的装夹要领</td></tr>
<tr><td>能力目标</td><td>(1)能填写工艺卡，优化编程关键参数；
(2)能通过四步法安全规范装夹刀具；
(3)能调动“三觉”判断加工过程的异常情况，并能及时做出调整</td></tr>
</table>

续表

<table>
<tr><td rowspan="2">教学重点</td><td>重点</td><td colspan="4">(1)编程开粗工艺规划，围绕高效开粗优化编程关键参数；
(2)成型零件开粗加工过程异常情况的判断与处理</td></tr>
<tr><td>解决措施</td><td colspan="4">从零件的质量要求出发，组织小组间辩论各自工艺方案的优劣，引导学生总结最佳工艺方案；模拟仿真获得加工最短时间来指导关键参数设置，以提高加工效率。播放加工故障视频集锦，集中展示加工异常现象，让学生身临其境感受真实的加工异常；设置积分抢答环节，调动学生发现异常，组织安全生产大讨论提升学生的参与感；教师实践演示，引导学生从"三觉"(视觉、听觉、触觉)感受加工异常，自然过渡到对异常情况的处理操作；从视频假设到实践感受引起学生对安全的高度重视，再到如何正确操作，由浅入深学做交替，将教师的加工经验吸收内化</td></tr>
<tr><td rowspan="2">教学难点</td><td>难点</td><td colspan="4">掌握刀具装夹"四步法"动作要领</td></tr>
<tr><td>突破策略</td><td colspan="4">制作刀具夹紧原理微课，把封闭的看不见的内部结构和动作清晰地展示出来，提升学生对夹紧原理的掌握。教师提炼出配卡定锁"四步法"方便学生记忆，现场操作演示，借助摄像头现场直播，360°全方位展示操作细节，避免视线遮挡。学生练习后各组推选开展个人装刀竞赛，树立榜样，在"比学赶帮超"的课堂氛围中突破难点</td></tr>
<tr><td rowspan="2">使用教材</td><td colspan="4">"十三五"职业教育国家规划教材
《注塑模具 CAD/CAE/CAM 综合实训》</td><td>
</td></tr>
<tr><td colspan="4">现代学徒制校企合作开发系列工作页教材
《模具设计与制造综合实训工作页》</td><td>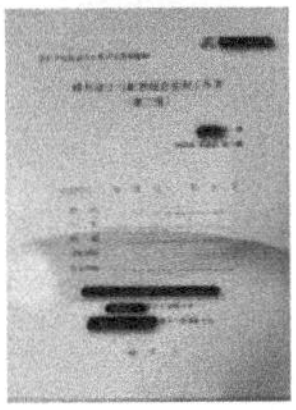</td></tr>
<tr><td rowspan="2">教学资源</td><td colspan="2"></td><td></td><td></td><td>
模具综合实训教学资源465G（135小时）

序号	资源名称	数据大小	播放时间
1	模具CAD/CAM技术应用	[illegible]	[illegible]
2	注塑模具设计与制造（二板模）	[illegible]	[illegible]
3	注塑模具设计与制造（侧抽芯、三板模）	[illegible]	[illegible]
4	注塑模具CAD/CAE/CAM综合实训	[illegible]	[illegible]
5	冲压模具CAD/CAE	[illegible]	[illegible]
6	压铸模具设计与制造	[illegible]	[illegible]
7	三维数字化设计与制造	[illegible]	[illegible]
8	模具综合实训过程视频	[illegible]	[illegible]
</td></tr>
<tr><td colspan="2">自制国家级
精品资源课程</td><td>加工中心机床</td><td>模具设计加工软件
NX12.0</td><td>模具综合
实训教学资源</td></tr>
</table>

续表

<table>
<tr>
<td>教学流程</td>
<td>

本次课按企业岗位实际任务流程围绕两个“点”展开教学：重点是解决提升开粗效率编程技术和开粗加工异常管控技能，难点是突破刀具装夹不规范的问题。课堂中引导学生对比工艺优劣、分析关键参数设置、虚拟仿真验证，层层深入地提升学生的编程应用能力；通过微视频解析开粗加工过程中的异常现象及危害，树立学生的质量意识；老师现场演示传授应对经验让学生知其然，再到学生操作机床，循序渐进地完成零件的开粗任务。实践操作经验分享学生知其所以然，重点突出。难点针对前两个模块中学生对装夹刀具不规范的不足，老师进行演示操作、大屏幕直播全方位展示动作细节，引导学生看清楚装夹动作要领；以刀具装夹训练营造竞赛氛围，激发学生的集体荣誉感和竞争意识，难点得以突破。教学过程分为课前、课中、课后三个阶段八个步骤，教学流程如下。

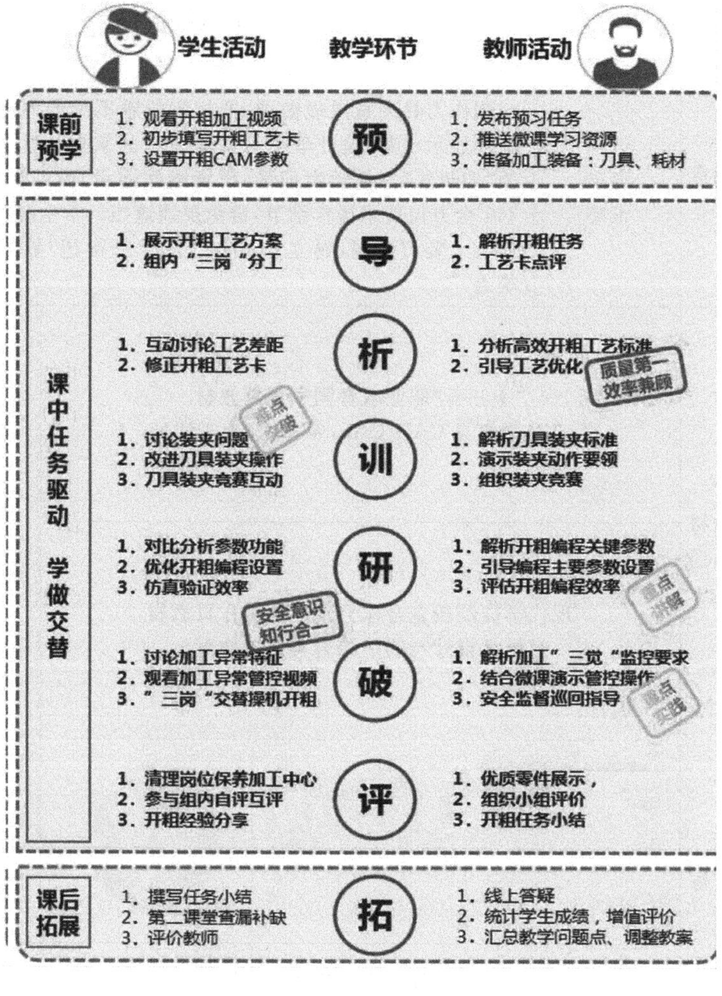

</td>
</tr>
</table>

续表

教学过程安排				
课前导学				
教学环节	教学内容	教师活动	学生活动	设计意图
预	(1)填写开粗工艺卡并提交； (2)完成型芯型腔零件的开粗编程设置并完成模拟仿真后提交云平台； (3)确定小组人员角色。三个岗位：工艺、安全、操作	【推送任务】 发布学习任务；推送课程学习资源 【批改作业】 (1)在线评价学生提交的工艺规划，收集典型问题； (2)操作NX软件平台评价学生提交的编程文件，收集问题，调整备课内容	【自主学习】 自学职教云上的视频课程 【完成作业】 (1)分析图纸技术要求，填写工艺规划单并提交； (2)设置型芯型腔零件编程内容并提交； (3)讨论小组岗位分配并提交角色名单	(1)学生的综合能力支撑工艺卡填写和编程设置内容； (2)典型问题分析有利于老师聚焦教学重、难点，有的放矢，因材施教； (3)任务前置，提高课堂效率，培养学生自主学习的能力
课中探究(80分钟)				
教学环节	教学内容	教师活动	学生活动	设计意图
导 (5分钟)	(1)任务情境： 前期已经完成镜片模具设计，现在进入加工环节；按加工工艺要求实施开粗； (2)新增内容： "高效"开粗关键参数功能与设置、"三觉"管控开粗过程确保安全	【组织签到】 组织学生在职教云平台签到 【解析任务】 (1)开粗编程优化； (2)"三觉"管控确保安全； (3)组织学生展示课前工艺路线方案，引导学生找差距 【发放坯料】 按组配发坯料，组织检查坯料	【常规准备】 扫码签到、热机检查，准备工位工量具 【分析讨论】 分析零件几何特征，讨论高效开粗所需工艺 【检查坯料、分工】 测量坯料尺寸，不合格的更换；组内"三岗"分工，提交分工任务	(1)下发任务时明确要随机抽问，引起学生重视，更快进入课堂； (2)板书课堂目标，加强课堂目标印象； (3)学生展示课前预习成果，为增值评价收集动态数据
	 课程职教云平台 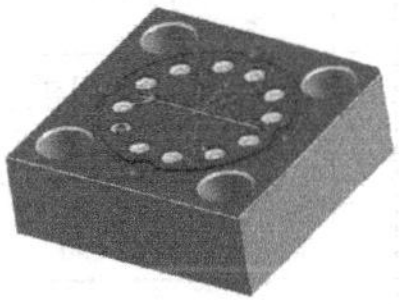 镜片模具零件			

续表

教学环节	教学内容	教师活动	学生活动	设计意图
析 (15 分钟)	(1)开粗工艺方案对比： 对比分析镜片模具零件开粗工艺方案并优化开粗编程工艺路线：从刀具型号、性能、切削三要素确定开粗刀具，从切削模式、进退刀方式优化开粗。 (2)填写工艺卡： 模具零件开粗工艺卡：工序联系；检测工量具；使用装备等。 (3)交流评价： 巡回指导学生填写工艺方案和学生个体增值评价	【开粗方案汇总】 组织讨论课前各组提交的开粗工艺方案 【开粗方案分析】 分析两个关键需求： (1)质量保障关系到三要素、进退刀设置； (2)效率兼顾，主要考虑刀具类型和传递方式 【下发工艺卡】 发放工艺卡，组织学生填写	【方案辩论】 组内讨论共享开粗工艺方案，取长补短 【方案优化】 选用刀具、切削三要素，确定从切削模式设置、进退刀方式设置 【复盘确定方案】 组间互评确定工艺参数，仿真验证安全性，兼顾开粗效率 【填写工艺卡】 填写个人开粗工艺卡并上传平台	(1)在“三模”“三岗”训练环境下，学生已经积累了一定的机械加工实战经验，具备工艺路线制定的基本能力； (2)引导学生找差距，激发团队的竞争意识； (3)教师通过问答互动提升学生的参与感

模板长度	开粗余量	反中粗余量
>1500mm	2mm	(1)原则上按照 0.3mm 设置。 (2)厂内加工工件由编程根据编程工艺、刀具选择等方面确定，可自行更改。 (3)外放工件由机加工主管根据外协厂家资质把中粗余量交接到位
≤1500mm	1mm	
1000mm 以下	0.5mm	
(1)工件(细长件、扁平件等)可适当增加开粗余量，放置工件变形； (2)开粗时顶杆和司筒孔要留台，水路留台		

余量设置企业标准

	镜片模具零件加工工艺规划			产品型号		零(部)件图号	
				产品名称	镜片模具	零(部)件名称	
材料编号	DAC	毛坯种类	锻件	毛坯外形尺寸	105mm×1055mm×40mm	毛坯可制件数	

工序号	工序名称	工序内容	车间	设备名称编号	夹具名称编号
10	备料	热模钢 250mm×235mm×115mm 锻打，退火处理			
15	深孔钻冷却油路			通用夹具	
16	钻掉铜螺钉孔			通用夹具	
17	钻孔攻牙	加工模仁避位，简单空位	金工	铣床	
20	CNC 开粗	进行 CNC 粗加工，留 0.5mm 余量	金工	CNC	磁性吸盘

续表

教学环节	教学内容	教师活动	学生活动	设计意图
训 （10分钟）	(1)刀具装夹原理：装夹重要性、螺旋压紧原理、常见的装夹方式等； (2)刀具装夹操作：刀具装夹"四步法"操作流程、动作要领、安全注意事项等； (3)刀具装夹实践操作： 每人完成平底刀、圆角刀、球头刀三把刀具的规范装夹训练	【装夹原理讲解】 结合PPT和动画解说刀具夹紧原理，展示刀具夹套实物，拓展常见刀具的装夹方式 【装夹演示】 组织学生观看学习"四步法"操作演示，动作细节由大屏幕直播 【巡回指导答疑】 巡回检查安全操作，指导装夹不规范动作，准备竞赛	【装夹要领记录】 观看装夹流程，反思个人在刀具装夹过程中存在的差距，记录装夹口诀 【讨论装夹细节】 观察各种夹套、刀柄，讨论装夹细节，模仿装夹动作，思考如何防范装刀安全事故的发生 【执行装夹练习】 三岗交替完成三把刀具装夹，评价改进点；反思个人操作得失，为竞赛做准备	(1)虚拟设计过程，辅助学生快速掌握装夹方案； (2)第一次流程演示环环相扣，由浅入深，符合学生认知规律； (3)第二次操作细节演示解析动作要领，反复演示，树立规范意识，一丝不苟，安全第一

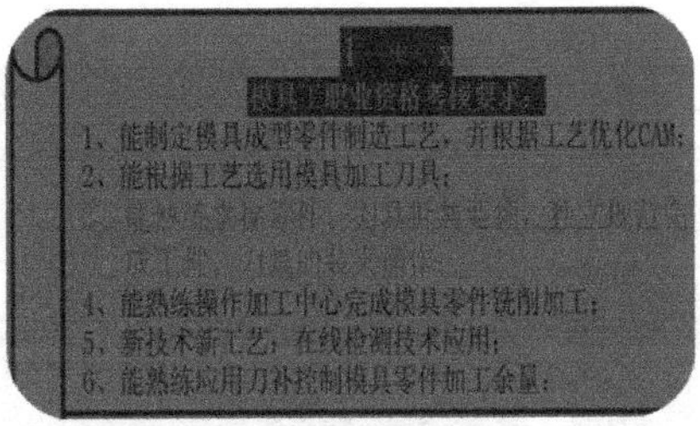

模具工职业资格专项能力要求

刀具夹紧原理

续表

教学环节	教学内容	教师活动	学生活动	设计意图
训 （10分钟）	（1）刀具装夹竞赛规则： 完成平底刀、圆角刀、球头刀三把刀具装夹； （2）开展竞赛： 组队完成 $\phi 2$、$\phi 4$、$\phi 6$ 三把刀具的装夹，学生裁判交叉执裁确保公平、公正； （3）刀具装夹小结： 装夹工具、操作顺序、动作分解、装夹检验，强调装夹操作安全规范。 （4）技能训练： 布置第二课堂技能补充训练	【发布竞赛规则】 组队要求：二人组合； 裁判要求：组间交叉； 评分要求：按评分表 【竞赛执裁】 组织开赛，教师主裁（安全操作、动作细节）、学生辅裁（耗时、复查） 【竞赛点评】 发布零件装夹竞赛历届成绩榜； 点评竞赛得失	【组队准备比赛】 熟悉竞赛规则，推选队员和裁判 【参与竞赛】 按规则各就各位开展刀具装夹竞赛，选手装夹操作规范安全、刀具伸出长度准确、装夹牢固可靠，裁判公平执裁 【竞赛复盘】 学生代表谈竞赛心得：流程、细节、个人得失与提升	（1）组内讨论如何培养集体荣誉感； （2）裁判角色扮演，交叉评判，发扬公平、公正、公开的竞赛精神； （3）了解目标达成情况，培养学生精益求精、关注细节的工匠精神
	 数控铣削工具车  刀具装夹竞赛评分平台			

续表

教学环节	教学内容	教师活动	学生活动	设计意图
研 重点研学编程设置（10 分钟）	(1)常规开粗设置弊端： 切削顺序、刀具选用不当、效率低； (2)开粗关键参数功能与逻辑关系： 对比深度优先与层优先特点及应用场景；刀具形状特征对加工区域的适应性； (3)关键参数设置操作： 全过程演示参数设置和取值范围	【引导分析】 根据确定的工艺虚拟仿真，分析编程典型问题：刀具选用、切削顺序等因素导致的开粗效率低下现象 【功能解析】 解析层优先功能、圆角刀与球刀开粗优缺点；刀具尺寸、步距对开粗效率的影响等 【设置演示】 开粗编程设置演示强调安全高度参考值；巡回指导答疑	【发现弊端】 对照小组工艺，仿真开粗编程过程，对频繁跳刀、步距过小等不利因素做出判断 【讨论参数作用】 以提升开粗效率为目的开展讨论，理解关键参数的含义，相互逻辑关系、设置取值范围 【优化编程】 再次优化个人开粗 CAVITY_MILL 关键参数设置	(1)机械加工集锦造成视觉冲击，引起学生树立安全意识； (2)讨论发现关键参数，培养学生创新意识； (3)收集、整理关键参数，并初步优化关键参数，培养学生分析问题、解决问题的能力

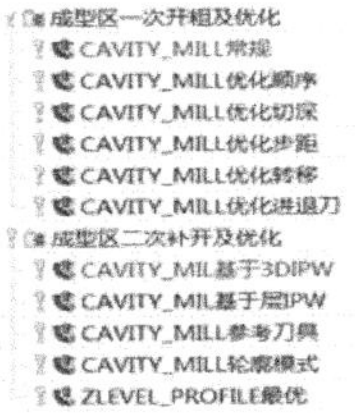

镜片模具零件开粗工序

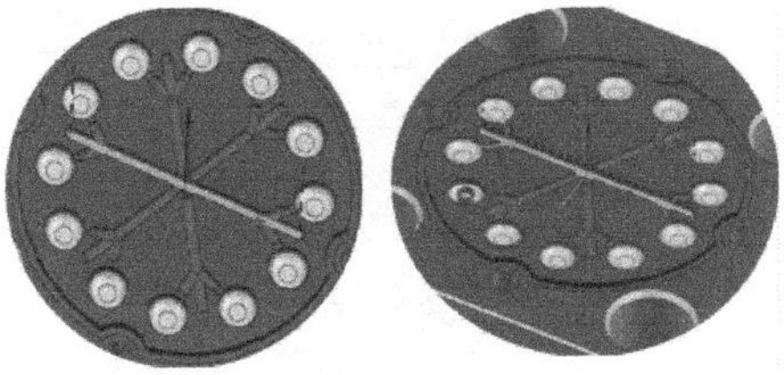

典型流道开粗刀轨优劣对比

续表

<table>
<tr><th>教学环节</th><th>教学内容</th><th>教师活动</th><th>学生活动</th><th>设计意图</th></tr>
<tr><td rowspan="2">研
开粗优化
虚拟优化
（10 分钟）</td><td>（1）开粗编程虚拟仿真：
对刚优化的开粗编程刀轨执行仿真，互评、集思广益；
（2）确定开粗编程设置：
反复执行优化到仿真，再优化，确保编程质量</td><td>【解析仿真细节】
解析虚拟仿真对余量的侦测；余量数据偏差值的判断方法
【巡回纠错引导优化】
帮扶学困生指导鼓励；组织学生展示优化后的刀轨
【展示点评】
组织各组展示开粗编程的仿真结果</td><td>【仿真验证】
刀轨虚拟仿真验证关键参数设置对开粗效率的提升
【持续优化】
再次优化参数设置，仿真直到安全、可靠、效率兼顾
【刀轨展示】
展示刀轨：余量侦测、时间统计</td><td>（1）验证刀轨设置的正确性，防止碰撞，树立安全意识；
（2）组间互评，相互取长补短，促进同学互帮互助；
（3）展示刀轨反映教学效果，反映重点突破程度；
4.学困生增值评价，增强其专业自信</td></tr>
<tr><td colspan="4">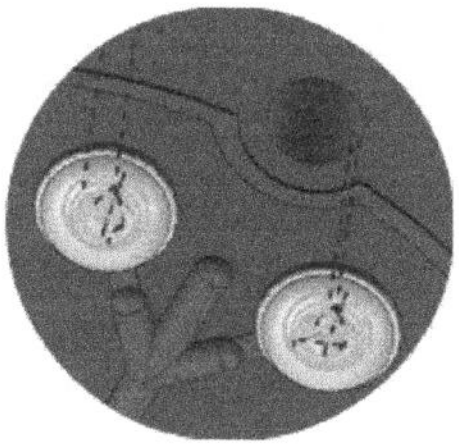
仿真发现问题

优化参数
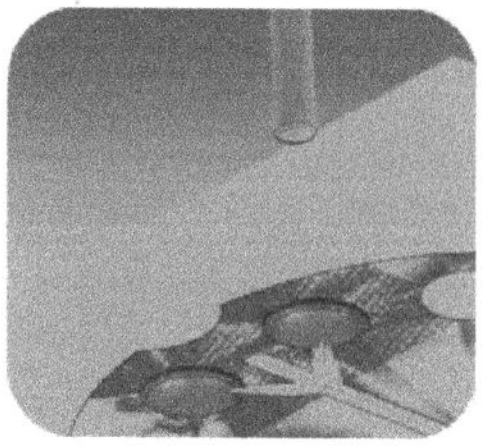
仿真验证</td></tr>
</table>

续表

教学环节	教学内容	教师活动	学生活动	设计意图
破 开粗实践经验传授（10 分钟）	(1)开粗加工异常现象： 主轴转速太快声音出现啸叫；进给太大刀具断裂，工件报废、吃刀太深，声音沉闷，火星四溅等； (2)"三觉"应用： 开粗加工管控手段：眼看切屑、耳听声音、手触震动； (3)开粗管控经验： 针对开粗加工异常的常规处理操作与经验	【开粗异常解析】 播放视频，集中展示加工异常现象，让学生身临其境感受真实的加工异常 【引导判断】 针对加工异常现象，设置积分抢答环节调动学生的积极性，组织安全生产大讨论 【实践演示】 "三觉"配合演示管控过程：调整控制面板速率（Vc、S、急停），组织学生体验管控过程	【观看集锦，引发思考】 观看开粗加工异常，反思个人机加工操作经验的不足 【安全大讨论】 组间针对开粗异常情况讨论解决措施；关键是如何应用"三觉"判断异常发生的原因 【处理加工异常】 现场实践：调动视觉看切屑颜色、听觉听加工声音、触觉感受震动，判断加工异常情况并及时处理	(1)明确难点，提出要求，引起学生的高度重视； (2)学生体验，充分调动视、听、触"三觉"受管控过程，增强体验感； (3)反复观看视频，对比分析，增强学生对管控标准的理解

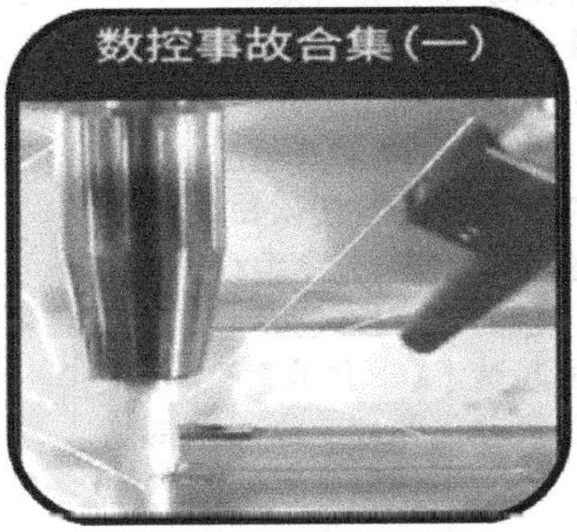

开粗异常原因分析

开粗过程管控操作面板

续表

教学环节	教学内容	教师活动	学生活动	设计意图
破 重点实践 重点突破 (10分钟)	(1)镜片模具成型零件正式开粗； 选用刀具，程序传输、试切确定安全高度等； (2)开粗加工状态管控，确保开粗安全高效完成； 三岗交替完成12个成型区域的开粗加工，“三觉”配合调整 Vc、S 参数，整理工位	【配置刀具】 根据学生工艺要求下发开粗刀具 【组织开粗】 组织学生三岗角色分配；提出加工安全要求，明确责任 【巡回指导，过程评价】 安全监控巡回答疑，收集典型问题，准备小结	【更换刀具】 根据工艺选择新的刀具重新排刀 【执行开粗加工】 三岗配合：安全岗、工艺岗共同检查安全操作，操作岗执行操作；调动“三觉”记录管控过程 【交流互动、自评互评】 讨论管控经验，组内完成开粗自评、互评	(1)责任到人，培养学生的担当意识； (2)管控实践，提高学生管控加工过程的操作综合能力
	 实训参加开粗机台		 开粗过程封闭下刀	
评 展示总结 多维评价 (5分钟)	(1)精光任务知识与技能要点： 总结零件加工任务：工艺规划、编程优化、加工过程管控； (2)表扬与鼓励： 检测判断镜片成型零件质量，开粗加工效果，小结编程优化、“三觉”管控对开粗效率的重要性； (3)拓展计划： 申请第二课堂工作任务	【回顾总结】 基于开粗效率提升的工艺优化与开粗过程管控课堂表现；组织发言，对进步明显的组员提出表扬 【重难点强调】 编程优化要点：切削顺序、刀具选择等；“三觉”配合判断异常与处理措施；重申“细节决定成败”的加工理 念，强调精益求精的职业素养要求 【课后布置】 第二课堂查漏补缺	【回顾梳理】 梳理课堂知识技能：开粗编程关键参数功能与设置方法，“三觉”管控保障安全提升效率 【个人自评】 谈个人本次课堂得失：对开粗加工效率提升的认知、操作表现；分享编程设置和管控经验 【6S作业】 整理工位，上交镜片和模具零件	(1)工位整理，增强规范意识； (2)经验分享，积累实践经验； (3)通过开粗加工效果的分析点评，强调安全是提升效率的第一要素

续表

课后拓展				
教学环节	教学内容	教师活动	学生活动	设计意图
拓 课后拓展 巩固技能 拓展性 学习	(1)查漏补缺，强化开粗工艺与管控： 利用第二课堂，根据个人综合水平，分梯度层次选择综合题库案例完成编程优化； (2)完成电极开粗加工并检测	【第二课堂批复】 批复第二课堂任务申请，安排车间机位 【网上答疑】 登录职教云、批阅作业、评教反馈、答疑，完成课程评价 【课后反思】 反思开粗加工教学效果，收集问题点，在后续精光课堂中调整	【开展第二课堂查漏补缺】 参加第二课堂，完成电极开粗加工 【提交资料】 整理开粗编程与管控资料，打包上传职教云平台 【意见建议】 通过职教云平台与教师进行交流个人对教学的看法	(1)线上交流收集学生评教意见，及时调整教学方式方法； (2)完成电极加工，为后续精光加工做好余量控制
教学评价				
本次课任务引导学生对模具成型零件实施高效开粗。开粗讲究高效，但前提是安全；切合工匠精神"安全第一"的责任意识，安全是提升效率的第一要素。编程开粗工艺、优化强化工艺应用是学中做，加工过程管控将加工常见的异常情况先做判断再及时调整是做中学。任务驱动学做交替，促进课堂目标实现				

模具零件开粗加工评价表

模具零件CAM与加工		出勤考核 5分	图形作业 5分	资源学习 5分	工艺方案 5分	虚拟仿真 20分	安全文明生产 20分	企业规范 20分	零件质量 20分	总得分
组别	姓名	平台评价	平台评价	平台评价	小组互评	教师评价		技能大师评价	小组自评	
小组一										
小组二										

续表

课后反思	
教学效果	本项目以学习者为中心，构建在线学习评价、职业技能评价、职业素养评价的多元化考核评价，搭建竞赛场景开展小组 PK、师生点评、学习者个体增值评价、第二课堂分梯度层次巩固训练评价等实时掌握学生的学习动态。教师主体评价主要体现在工艺规划制定的合理性，编程关键参数设置的准确性，开粗加工过程的管控等方面；能比较客观地评价本次教学的效果
教学不足	(1)课堂时间有限，个别学生主动性不够； (2)编程虚拟仿真的细节表现要不断完善
改进措施	(1)老师在课余时间要对主动性不够的学生多接近，给予关心，还要加强专业兴趣引导； (2)多开发一些铣削工艺实践案例，尤其是加工过程视频(细节慢动作)，使学生看得见、看得清、感受真、想得通、学得懂，帮助学生快速、精准地找到目标

第三节　范例:塑料模具设计与制造课程教学实施报告

模具产业作为制造业产业链的前端，被称为“工业之母”，已由传统的机械化向数字化、智能化、精密化升级，具有高产值、高效益、高带动作用，加之新技术、新工艺、新规范的不断融入，模具专业人才培养面临着新的要求。

本项目选自模具设计与制造专业群(国家高水平专业群)专业核心课程——塑料模具设计与制造，阳明学院与全球镜片及模组制造产值第一的企业进行深度校企合作，以该企业“汽车摄像头镜片模具设计与制造”真实产品为案例，精准对接模具产业链的设计与制造核心岗位，构建“三元双轨”的现代学徒制教学模式，充分发挥全国机械行业领军创新团队、“黄炎培奖杰出教师”、“模具设计与制造”国家专业教学标准修订牵头单位、“模具 CAD/CAM 技术应用”国家精品资源课主持单位和全国优秀教材一等奖《注塑模具 CAD/CAE/CAM 综合实训》等教学资源优势，采用“人人都做真项目，个个都过答辩关”的教学策略，锤炼“知”难而进的自信力、“行”之有效的执行力、齐心“合”力的协作力、争创“一”流的竞争力，弘扬劳动精神、劳模精神、工匠精神，培养精设计、强智造、懂成型、会检测的高水平“智能＋智匠”模具人才。本项目获全国职业院校技能大赛一等奖 5 项、浙江省教学成果一等奖等奖项。

一、教学整体设计

1. 基于岗课赛证新融合，校企合作重构教学内容

依据国家职业标准和专业教学标准，紧密对接模具设计岗、编程加工岗、装

配试模岗三个核心岗位能力要求，将技能竞赛内容、证书考核标准融入课程内容，引入德国 AHK 模具师标准，与国内标准融合并本土化，推广到相关院校及专业使用，实现岗课赛证新融合。结合现代学徒制校企联合培养要求，将企业新技术、新工艺、新规范和开拓进取、坚韧不拔、科学态度等企业文化价值融入教学。依托合作企业产品，以汽车摄像头三个不同零件模具设计与制造为载体，将本课程 48 学时的教学内容进行梳理，校企合作重构为三个模块，参赛内容为模块三"汽车摄像头镜片模具设计与制造"，包括 16 学时共 8 个工作任务。重构后的教学内容如图 5-1 所示。

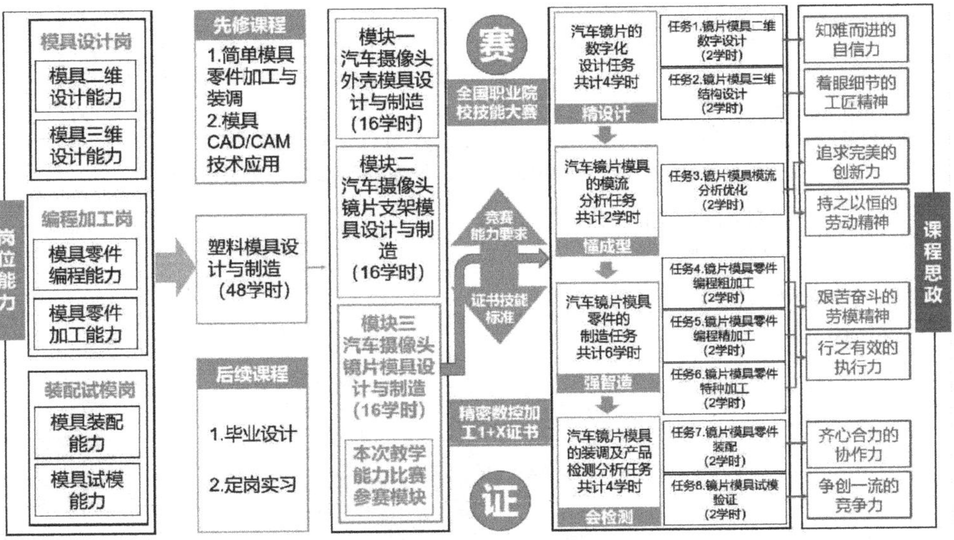

图 5-1 教学内容重构

2. 依托大数据平台分析，科学精准研判学生学情

学生前期学习了机械基础类课程，根据职教云学习分析平台得出学生具有模具结构设计、加工的基础能力，具备基本职业素养；整体呈现"三强三弱"的特点："三强"是指学生的模具设计软件应用强、动手能力强、接受新鲜事物能力强；"三弱"是指学生的模具设计与加工理论基础知识薄弱、模具设计优化和加工参数设定技能薄弱、企业认知与团队协作意识薄弱。据此将学生个体技能、素养和企业认知分析作为后续个性化互补分组依据，在企业师傅和学校教师的指导下自主操作，在实践中完成相关知识的学习和素养提高。学情分析如图 5-2 所示。

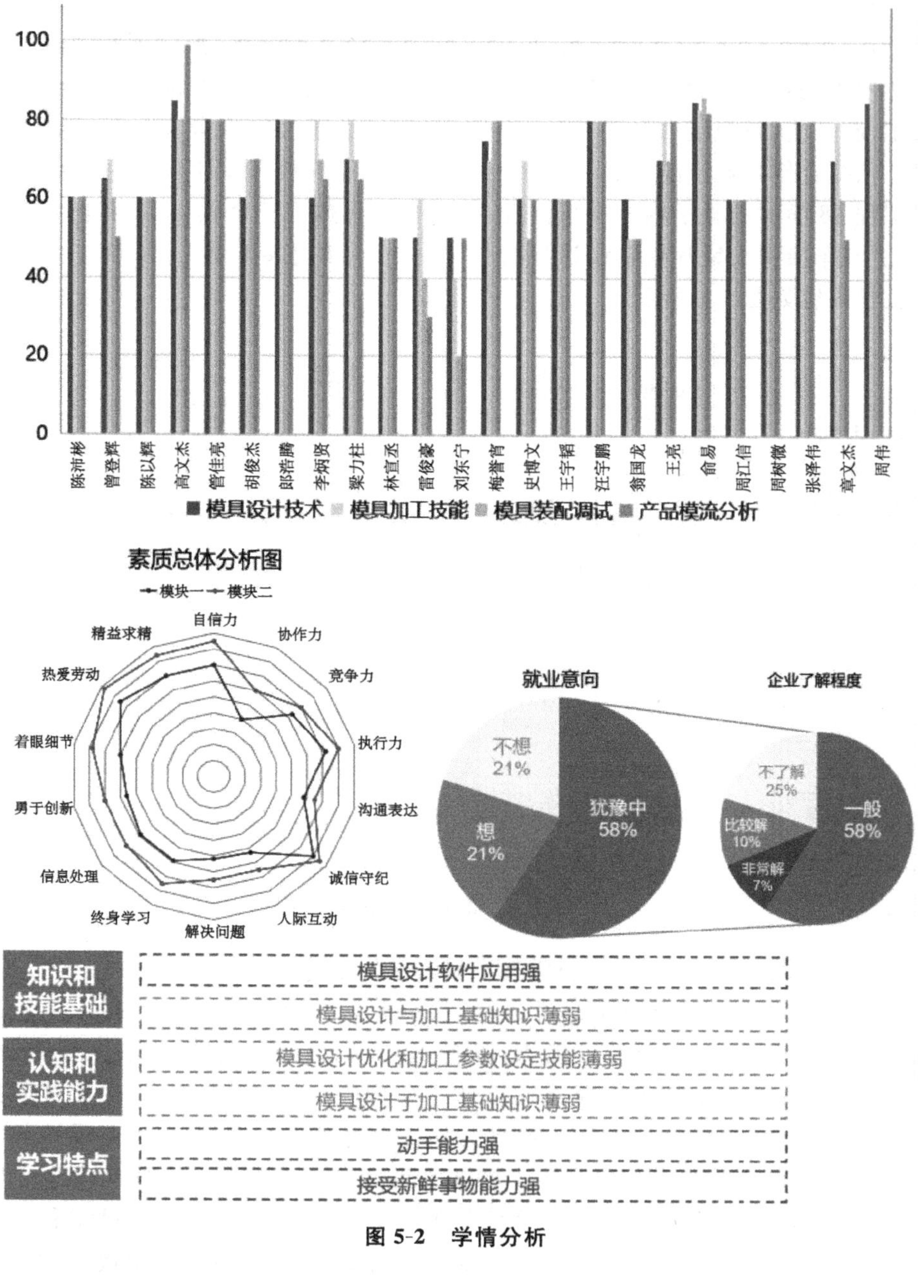

图 5-2　学情分析

3. 基于标准和岗位要求，明确教学目标及重难点

依据课程标准规范，结合模具岗位能力要求，将模具工职业资格证书标准，与精密数控加工“1＋X”证书标准等融入教学内容，实践环节对接模具数字化设

计全国职业院校技能大赛技术标准，疏理教学实践项目，确定汽车摄像头镜片模具设计与制造项目的总体教学目标为：懂——镜片模具成型工艺和加工流程；明——高精密镜片模具检测标准；精——高精密镜片模具设计；强——高精密镜片模具加工优化；塑——精益求精的工匠心；树——爱岗敬业的责任心。结合学情分析和教学目标，确定教学重难点，如图 5-3 所示。

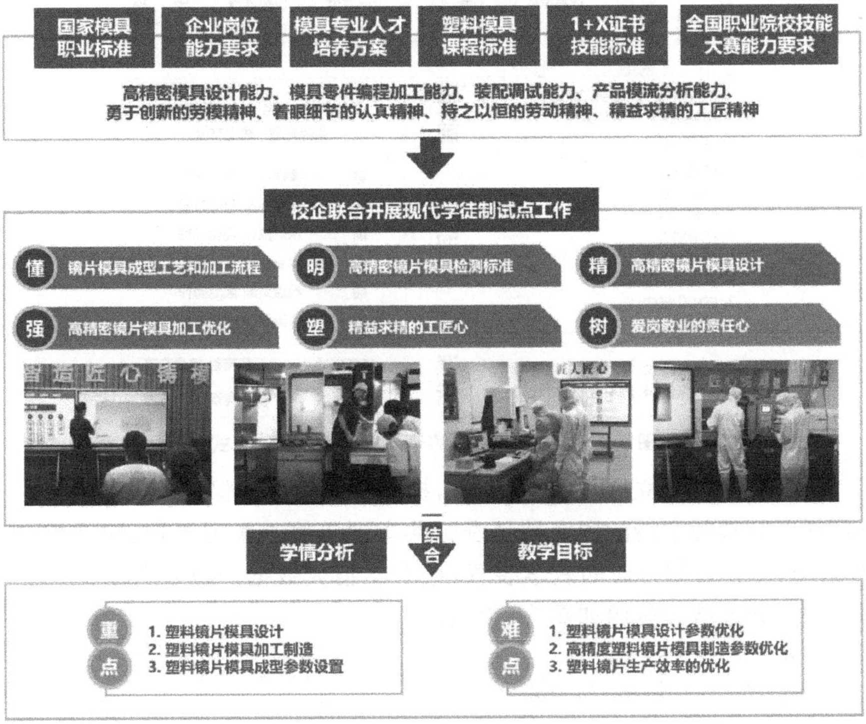

图 5-3　教学目标及重难点

4. 立足于真实项目驱动，构建"三元双轨"教学模式

结合学情分析、教学目标和教学重难点，依托职教云和慕课平台，通过学校、企业和模具研究院等"三元"教学环境，创建指尖数字平台、研训中心、企业车间和仿真模拟机房"四情境"，基于企业镜片模具开发的真实任务，开展学工交替的"双轨"教学，形成"三元双轨"现代学徒制教学模式。依据"以生为本"的核心理念，对学生进行"一人一学情"的分析，根据个体的学情分析进行企业教师分配和"取长补短"的个性化分组，形成"一人一策"的教学方法，将"三大精神"中自信力、执行力、协作力、竞争力和创新力等课程思政元素有机融入教学过程，实现外化于形、内化于心、固化于制、强化于行，以思政文化建设促进学生职业素养的提升。"三元双轨"教学模式如图 5-4 所示。

图 5-4　“三元双轨”的现代学徒制教学模式

5. 依托“多层次、立体化”教学资源，提供全方位教学保障

依托团队教师主持的国家精品资源共享课等线上学习平台、精密模具制造 MES 系统，配合自制自研的教学装置，结合学情大数据分析平台制订学生个体学习计划。线上教学资源如图 5-5 所示。

图 5-5　依托“多层次、立体化”的线上教学资源

开放校内“精雕”数控加工中心、“新火花”智能制造单元等研训中心,构建先进的“多层次、立体化”的教学资源体系,为实践教学提供全方位保障。线下教学资源如图 5-6 所示。

图 5-6　依托“多层次、立体化”的线下教学资源

二、教学实施过程

1. 构建“四情境”,实施“三阶八步”的教学过程

基于企业真实产品高标准、高精度、高效益的要求,根据“三元双轨”现代学徒制教学模式,课前、课中、课后构建“四情境”教学环境,按照“预→导→析→训→研→破→评→拓”八步组织教学。具体案例如下。

1)课前(指尖数字情境)

【预】勤预习:学生通过数字平台领取项目任务书,观看自主开发、名师主持的国家级精品资源课,观看设备安全操作视频,线上讨论交流,树立学生的安全意识。

2)课中(研训中心情境+仿真实操情境)

【导】明任务:将大国工匠的故事导入课程思政,以企业汽车摄像头镜片模具明确岗位任务;导入企业标准,展示模具零件加工工艺方案。

【析】剖问题:对照标准讨论分析加工工艺,协作优化工艺方案。培养学生齐心“合”力的团队意识。

【训】练技能:对接刀具装夹标准,指导规范学生刀具装夹操作要领,达成“行”之有效的目的,开展刀具装夹竞赛活动。

【研】研难点:分析加工工艺关键参数优化难点,研讨并进行参数优化,开展仿真验证,培养学生“知”难而进的工匠精神。

【破】强技能:按照“听觉、视觉、触觉”三觉判断加工异常特征,结合加工异常视频引导学生规范操作,提高学生的安全操作意识。组内岗位交替轮流完成模具零件的加工制作。

【评】展成果:展示优质工件,组织小组进行自评互评,分享加工心得,进行任务总结,培养学生精益求精的工匠精神。

3)课后(企业车间情境+指尖数字情境)

【拓】显成效:课后拓展学习,撰写任务小结,线上师生互动交流,提高学生的自主学习能力;对标企业要求,回顾课中任务操作,查找不足,强化学生模具制作的技能,培养学生争创一流的劳模精神。“四情境”条件下的线下资源如图 5-7 所示。

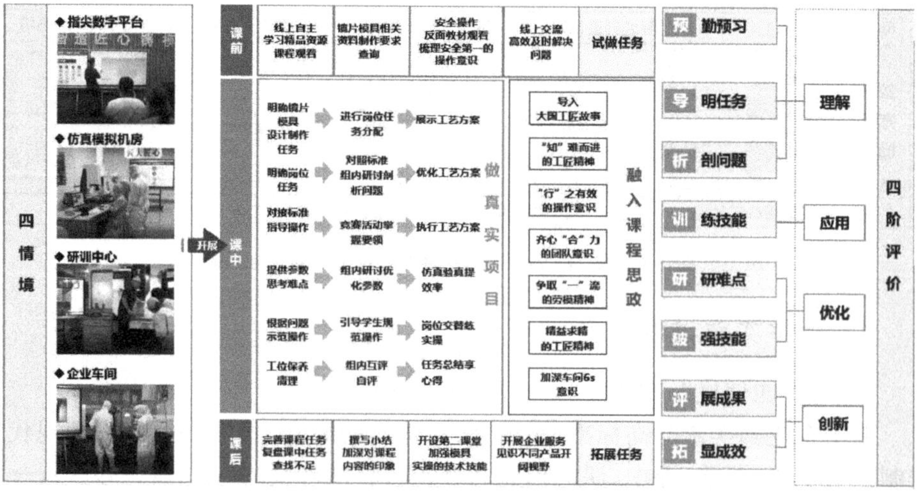

图 5-7 “四情境”条件下的线下资源

2. 厘清"思政脉络"，精准引导，实现"合力"育人

厘清本项目的课程教学内容和思政元素，系统设计思政元素的融入路径，基于"思政脉络"图将思政元素有机融入教学实施过程中，课程育人过程脉络直观清晰，实施过程细化具体，实现了专业知识和课程思政合力育人，如图 5-8 所示。

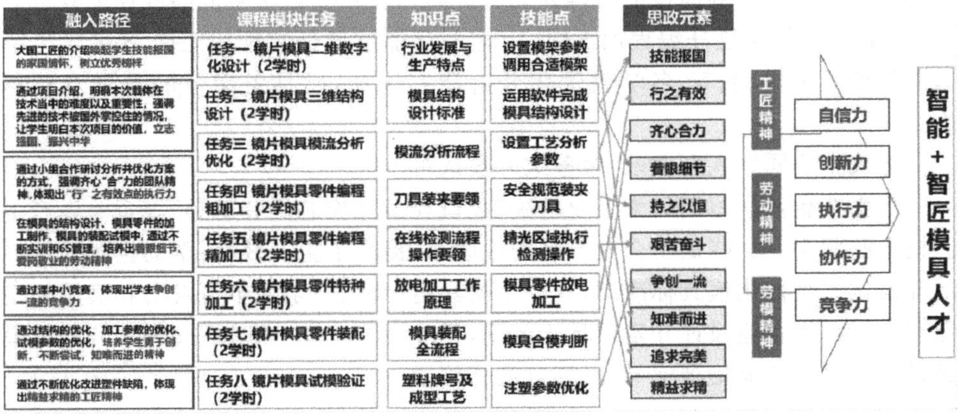

图 5-8　课程思政脉络示意图

3. 开展"四情境—四阶段" 多元主体增值评价

为实现学生能力和素质双提升，创建"四情境—四阶段"增值评价体系。根据模具核心岗位能力要求分别设置理解指标权重 15％、应用指标权重 25％、优化指标权重 35％和创造指标权重 25％的四阶一级指标，共细分为 22 个观测点，实现了学生学习任务的量化分析、评价，并将素质目标融入观测点中进行"三全育人"的综合评价。构建了"能力-增值率"模型，根据各能力图中高分低增值区、中分中增值区和中分高增值区可以清晰地看出每位学生的薄弱点，通过强化其欠缺的能力，补足短板。该评价体系以学生、教师、技能大师、企业专家为评价主体，对教学过程和结果进行信息反馈，具有"评价主体多元化＋评价信息多元化"的特点。

三、学生学习效果

1. 全过程评价科学有效，教学目标高度达成

从学习平台综合数据报表来看，87.5％的学生课程考核良好以上，学生在操作过程中加工异常及不良率大幅度减少；企业导师反馈的制造精度考核平均成绩高于平行班级 10 个百分点，镜片加工精度从 IT7 级提升到 IT5 级；学生对本专业和本行业的认可度大幅提升，毕业后想从事本行业工作的学生占 91.66％，较学习前增长 29.16％。

2. 岗课赛证成效显著，学生实践能力明显增强

近三年学生参加全国职业院校技能大赛获一等奖 5 项，全国行业和省级学科竞赛获奖 35 项；模具高级工职业资格证书稳保通过率 100%，技师职业资格证书通过率较上届提升了 50%；学生能力呈递增趋势，全体学生模具设计、加工、装调、模流分析等岗位能力得到显著提高，其中 15 名学生能够胜任模具设计岗，16 名学生能够胜任编程加工岗，10 名学生能够胜任装配钳工岗，8 名学生能够胜任模具试模岗；15 名学生优化分析能力达标，已具备岗位的发展及迁移能力。

3. 校企协同育人有成效，服务地方被认可

学生在企业学习期间为企业解决“大口径镜片模芯拆装工具”等企业生产工艺技术问题 16 项，降低了企业产品的报废率，提高了生产效率；帮助企业软件二次开发建立个性化模具标准库，规范了模具生产流程；学生申请发明和实用新型专利 21 项，为企业设计开发模具 108 副；学生为“一带一路”国家的学员进行模具设计一对一技能培训辅导，民族自豪感倍增。

四、特色与创新

1. “人人都做真项目，个个都过答辩关”，打造现代学徒制校企协同育人新样板

为了精准育人，采取两人结对“取长补短，共同成长”的小组训练法，通过“一人一项目，一项一总结”的任务要求，补短板，强技能，实践“个性化培养”创新适应性人才培养的新途径。采用“三阶、八步、四情境”相融合的教学方法，师徒结对培养模具核心岗位的职业能力，打造“三元双轨”现代学徒制校企协同育人新样板，为课程教学方式改革发挥引领作用。

2. “互聘互助、外引内培”，组建“双元双能”结构化教学创新团队，践行岗课赛证融合育人新模式

紧随“三新”发展、助力“三教”改革，通过政府主导，学校和行业企业参与，完善校企合作培养教师的政策，学校精准对接企业岗位，导师采用互聘互助、外引内培等多渠道实现教师队伍的专业化。给青年教师选配师德高尚、教学水平高、实践经验丰富的老教师进行指导，新老结对，以老带新，鼓励教师积极参加行业技能竞赛和教学能力比赛等，促进“赛教”融通，助力“双能”型教师成长。着力打造素质优良、结构优化、专兼结合、能说会做、优势互补的“双元双能”结构化教学创新团队，为实践岗课赛证融合育人新模式提供保障。

3. “四情境—四阶段”增值评价体系，落实新时代教育评价改革新要求

根据“四情境—四阶段”的综合评价体系，发挥大数据在评价过程中的作用，

使学生在每个任务完成过程中明确自身进展，通过以学生、教师、技能大师、企业专家为评价主体，对学前、学中和学后进行信息反馈，实现公平、公开、公正的评价，开展具有"评价主体多元化＋评价信息多元化"特点的教学评价，实现良性促学环境构建，深化新时代教育评价改革新要求，更有效地激发学生的进取心与上进心，构建"增值评价、三全育人"新体系。

五、反思与改进

1.存在的问题

(1)模具人才的培养还需要进一步加强。在模具产量从如今的世界第一大国到强国的发展过程中，作为肩负国家模具高水平专业群建设重任的团队，模具人才的培养还有努力提升的空间。

(2)现在教学资源与企业的要求匹配度有待进一步提高；企业新技术与教学内容实时更新存在时间差。

2.改进措施

(1)进一步加强与模具头部企业和专精特新"小巨人"企业的深度合作，做到设备、软件和技术等与时俱进，持续提升教学实效。

(2)学校教师要定期进行新技术、新工艺的培训，做到及时动态更新相关教学资源和标准库。

第六章　产教融合："阳明模式"培育运行体系之三

产教融合是职业教育的教学途径和教育特征，也是职业教育从"大有可为"到"大有作为"的重要环节。在新时代职业教育发展新阶段，要树立高职教育新理念，构建高职教育新格局，需要对产教融合的理解再拓展、再深化。产教融合是教育理论，也是经济理论，还是社会理论。换言之，产教融合是职教理论与实践集成的理论。阳明学院总结十余年实践的成功之道，反思实验探索的误区和弯路，认清产教融合的问题，如认识上的模糊、责任上的落空、政策上的空心化以及实践上的乏力，涉及学校、企业和政府等主体；并在此基础上积极探索产教融合的新路子，着力构建校企利益和文化共同体，建立实体性的机构、项目和平台。以教学和科研为着力点，将加强队伍和经费等保障建设作为深化产教融合改革的重要策略，从而取得了一些成效。

第一节　校企合作与工学结合概述

一、概念的提出

校企合作与工学结合是高等职业教育产教融合这个议题的两个方面。校企合作就是将高等院校与用人单位之间的资源进行交互，将企业的运营机制和岗位需求与高职院校的人才培养体系相结合，通过协调、互动和分享等长期合作模式达到人才培养与用人单位的人才需求无缝对接的目的。随着我国高等职业院校的教学改革的不断深入，校企合作成为我国高等职业教育发展的重要战略之一，校企合作是我国现代高职院校教学改革、创新和发展的新方向。工学结合是一种将学习与工作相结合的教育模式，形式多种多样。其教学模式为：有的一年分为三学期，工作与学习交替进行；也有的将一个星期分为几天学习几天工作；也有的是每天半天学习半天工作等。无论是什么形式，其共同点是学生在校期间不仅学习而且工作，也就是半工半读。这里的工作不是模拟的工作，而是与普通职业人一样的有报酬的工作，因为只有这样，学生才能真正融入社会得到锻炼。学生的工作作为学校专业培养计划的一部分，除了接受企业的常规管理外，学校有严格的过程管理和考核，并设立相应学分标准。工学结合是产学研结合的一种比较微观的人才培养方式。

二、校企合作的必要性

随着时代的进步，企业间的竞争愈演愈烈，降低成本已经成为现代企业保持和提高竞争力的重要手段之一。人力资源成本在企业成本中占有极大的比例，为了追求利润的最大化，许多企业都希望能够有效降低培训成本，即希望高校毕业生入职时就能达到岗位的要求，而不需要再次对他们进行岗位培训。但是由于现阶段我国高等教育在对学生的理论知识培养方面具有一定的滞后性，而在对学生的综合能力和综合素质的培养方面也存在着许多不足，这与现代企业对人才的需求存在着很大的偏差。现在许多高校毕业生往往无法达到用人单位的岗位要求，需要企业在他们上岗前对其进行二次培训，这样大大增加了企业的人力资源成本，同时由于现在人才的流动性增大，许多企业在付出了高昂的培训成本之后无法获得应有的收益。这导致现在许多用人单位在岗位招聘时都会明确要求应聘者具有一定的工作经验，这种情况对应届毕业生来说是相当不利的，应届毕业生往往由于没有工作经验而很难找到合适的岗位，这也是现在高校毕业生就业难的主要原因之一。

为了从根本上解决现在高校毕业生就业难的问题，需要高校与企业之间建立起一种长期和稳固的校企合作关系，高校应及时了解企业的运营机制和岗位需求及变化，将企业的人才需求作为人才培养的目标，以就业为导向不断完善自身的人才培养方案，培养出符合社会需要的人才。

三、校企合作的意义

长期和稳固的校企合作关系是一种互惠双赢的关系，这种关系对于高校、毕业生和企业来说都是极具意义的。校企合作的意义有以下三个方面。

1. 对于高校来说

(1)了解科技发展，避免所传授知识的滞后性。现代科学技术迅速发展，高校作为为学生传授理论知识和培养学生实践技能的场所也需要与时俱进。只有建立校企合作关系，让高校教师走出校园走进企业，才能及时地了解到企业的技术进步，并根据这些技术的发展不断地对教学计划进行改进，对教学资料进行补充，从而有效地避免理论知识培养方面的滞后性，保证高校教学质量的不断提高。

(2)了解企业需求，及时调整人才培养方案。随着社会的发展，企业对高校毕业生的要求也随之发生变化，高校必须根据企业需求的变化及时调整人才培养方案。只有建立校企合作关系，才能及时地了解到企业的运营机制和岗位需求及变化，并根据这些变化对人才培养体系和人才培养目标进行相应的改变，从而避免出现高校人才培养目标与企业实际需求出现偏差，保证高校毕业生能够找到合适的就业机会。

(3)建立实训基地，培养学生的动手实践能力。现阶段我国高校对学生的动手实践能力的培养还存在着许多不足，其中一个主要原因就是缺乏实践场所，这导致许多学生缺乏动手实践能力和实际解决问题的能力。建立校企合作关系后，企业往往会邀请高校的教师和学生到企业参观或直接参与实际工作，这为高校对学生动手实践能力的培养提供了很好的实践机会，让教师和学生明确了解企业的运营机制和岗位需求，对学生解决问题的能力的培养具有极其重要的作用。

(4)共同研发项目，提高高校的科研能力。高校除了为学生传授理论知识和培养学生实践技能外，另一个主要的工作就是科研，科研水平是影响高校办学水平的一个重要因素。实际上，每年政府划拨给高校的科研经费是有限的，这会影响高校的科研能力和科研水平，而高校与企业合作共同研发科研项目的好处是可以从企业那里获取科研经费的支持，这在很大程度上解决了这一问题。

2. 对于毕业生来说

(1)了解岗位要求，制定职业发展规划。高校传统的闭门造车式的人才培养模式，不仅在知识传授上具有极大的滞后性，同时也致使学生对企业的岗位没有详细的了解，没有一个完整的职业发展规划，甚至导致他们的职业发展规划是不切实际的，这对高校学生的发展是很不利的。建立校企合作关系，让学生走进企业，才能让他们了解自己适合什么岗位，发现自身还有哪些不足，以及如何规划未来的职业发展。

(2)参加企业实习，增加工作经验和提升就业能力。现在我国许多用人单位在岗位招聘时往往都会明确要求应聘者具有一定的工作经验，高校毕业生在这方面存在着明显的劣势，而且这是在短时间内无法改变的现状。通过建立校企合作关系，学生能够在毕业前就到企业中参与实际的工作，获取一定的工作经验，这样就能有效地弥补他们缺少工作经验的劣势，从而提高他们在应聘时的竞争力。

3. 对于企业来说

(1)联合培养，减少人力资源成本。如前所述，由于许多高校毕业生往往无法达到用人单位的岗位要求，需要企业在他们上岗前进行岗位培训，这大大增加了企业的人力资源成本，许多企业在付出了高昂的培训成本之后往往还无法获得应有的收益。通过建立校企合作关系,企业将参与到高校的人才培养体系中,使得学生能够在毕业时达到岗位要求,从而有效地降低企业的人力资源成本。

(2)资源共享,提高运营效率。企业的人力资源始终是有限的,而高校是人才的聚集地,有着企业没有的庞大的人力资源数量。通过校企合作关系的建立,高校和企业之间可以实现有效的资源共享,企业可以与高校合作完成部分工作,这样不仅拓宽了高校的经济来源,同时也提高了企业的效率,而且对学生的动手实践能力的提高也起到了巨大的推动作用。

四、校企合作的现有模式

校企合作的模式有很多种,发达国家经过多年的尝试和发展,建立了一些较为成熟的校企合作关系模式,比如美国的“合作教育”、德国的“双元制”、英国的“三明治课程”和澳大利亚的“技术和继续教育”等。这些国外的校企合作模式对我国的校企合作工作的推进具有一定的借鉴意义。

1.定向培养模式

这种模式就是学生入校时就与公司签订合同,明确毕业后的工作单位,由高校和企业联合对学生进行培养的人才培养模式。该模式的优点在于学生的整个培养过程都与企业的岗位要求紧密结合,学生在毕业时完全可以达到企业的要求,能够立即参与到实际工作当中,不需要再次进行岗位培训,极大地降低了企业的人力资源成本。

2.“3+1”培养模式

这种培养模式就是学生在高校中完成理论知识的学习,然后到企业中接受岗位培训,并参与到实际工作中的人才培养模式。该模式的优点在于学生既在理论学习阶段掌握了坚实的理论知识,又能在公司的实习过程中提高了动手实践能力,并且企业也获得了大量所需的岗位人才。

3.工学结合培养模式

这种模式就是学生在具有一定理论基础时,在空余时间或实践阶段参与企业的实际工作的人才培养模式。该模式的优点在于学生能够将理论联系实际,学以致用,理解岗位要求,锻炼动手实践能力,同时也为企业解决了人才不足的问题。

4.共同研发项目模式

这种模式就是企业与高校合作研发项目,由教师带领高年级学生完成项目研发的人才培养模式。该模式的优点在于学生能够在项目研发的过程中提高实际解决问题的能力,同时高校能够获得一定的经济效益,也能提高企业的生产效率。

五、构建校企合作与工学结合的新格局

校企合作涉及政府、学校、行业协会、企业等多元化主体的利益诉求，以多元主体共治理论为视角，探索政府、学校、行业协会、企业等不同主体在校企合作中的责任权利及相互关系，并尝试从需求反馈机制、动力机制、运行机制和质量监督机制四个方面构建高职院校校企合作机制。校企合作机制构建的关键是平衡并满足多元主体的利益诉求，以“人”作为校企合作的出发点和落脚点，形成人才共育、过程共管、责任共担、成果共享的良好格局，共同促进高职教育的持续健康发展。

1. 校企合作，建立产教融合的长效育人机制

技术技能型人才的培养是产教融合平台构建的初衷，就高职院校而言，培养工匠型人才以满足社会经济转型发展的需求；就科研机构而言，侧重于为区域社会经济提供应用型研究服务；就行业企业而言，一方面将招生招工融合起来，另一方面可以为在岗职工进行继续培训；就政府而言，做大做强产教融合平台不仅有助于提高区域人力资源质量，而且有助于优化招商引资软环境。分析这些主体的利益诉求，可以发现人才是共同的交集。高职院校在构建产教融合平台的过程中，需要建立长效育人机制。具体而言，产教融合平台需要借鉴新公共管理思想，明确协同育人的绩效目标，按照“资源整合、文化融合、产学结合”的协同育人模式，把产业链、创新链、人才链统一结合起来，推动相关专业群人才培养与岗位需求相衔接，共建生产型实训基地、技术服务和产品研发中心、技能大师工作室、创新创意创业实践中心。实训基地在实施生产、服务的同时，也承担专业实训教学、技能大赛指导、人才培养方案修订、课程开发、技术研发等任务，要有力促进教学与实践、育人与生产的融合，形成“专业共建、课程共担、教材共编、师资共培、基地共建、人才共育”的协同育人体系。

2. 产研协同，发挥多主体协同创新效应

除了教育教学职能外，产教融合平台需要开展技术服务，即面向行业企业提供产品开发、工艺优化等应用研究。为此，产教融合平台同时是技术公共服务平台、技术工艺与产品协同创新中心，能够为行业企业提供新品开发、成果转化、技术咨询、企业孵化、职业培训、技能鉴定等服务。为了发挥多主体协同创新效应，产教融合平台需要在新公共管理思想下，简化不必要的行政程序，特别是不能再沿袭高校科研经费管理的老办法。一方面，应加强高校技术服务、科研创新与行业企业的需求对接，提高科研成果的工程化、商品化水平，解决科研选题的针对性，克服成果转化中在工艺、装备、测试、标准及产品质量等方面的薄弱环节。另一方面，要建立相应的激励机制，充分利用和发挥学校和科研机构科学研究的资

源优势和企业转化科技成果的市场优势,采取合作、共建方式,建立应用技术协同创新中心、技术工艺与产品开发中心、技术成果转移中心等机构,发挥多主体协同创新效应。

3.工学结合,探索资本层面的合作办学

实践教学是影响高职院校人才培养质量的重要环节,加强职场氛围营造、结合生产和工作实践设计实践教学环节,始终是高职院校提高实践教学质量的努力方向。近年来,一些高职院校通过契约构建校企合作生产型实训基地,通过冠名班、订单班等形式把招生、招工融为一体,通过科技项目联合申报开展协同技术攻关,达到了较好的效果。然而,由于契约往往具有不可持续性,并且契约无法对后期合作办学的事项进行完全约定,因此契约形式必然是不完全的。此外,学生的培养周期与行业企业的即时性需求之间存在矛盾,致使企业在过程中的参与度不高。因此,后续阶段有必要探索资本层面合作的产教融合平台,实现高职院校与行业企业之间资本、信息、知识、技术、管理等生产要素的深度融合。在合作办学实践中,需要秉承新公共管理思想,切实发挥行业企业的办学主体作用。只有改变原有的“以学校为主”的传统思考方式,产教融合平台的职能才能从实践教学中进一步延伸至技术服务和产业培育,也才能进一步在此基础上探索发展股份制(混合所有制)高职院校。

4.共担共享,明确参与主体的职能分配和角色地位

推进产教深度融合,需要确定利益共享、风险共担的经营机制和利益分配机制,需要秉承专业化管理理念,厘清相关主体的职能分配和角色地位。就政府而言,政府应扮演掌舵人角色,统计、综合区域企业用工需求,发布高技能人才紧缺职业(工种)目录,同时给予相关政策引导。就行业而言,需要参与产教融合平台建设规划的制定,明确人才培养目标、课程标准,开展技能鉴定和人才培养质量监控等第三方评价,主动搭建校企合作信息平台,促进校企资源的共建、共管和共享。就学校而言,需要投入建设资金,用于平台的设备购置、师资培养、创新创业训练,通过专业设置调整、课程体系改革、校企师资互聘等方式做实生产型实训基地,同时利用产教融合平台开展社会技术服务、科研成果转化。就合作企业而言,同样需要投入建设资金,直接担负产教融合平台的日常运行,利用平台进行新产品研发和应用型技术攻关,积极增资做大平台并主动培育新产业。就科研机构而言,主要负责应用型研究供给与需求的有效对接。需要强调的是,上述职能分配和角色地位,均需要通过正式制度的形式进行规范,逐渐形成分工明确、相互配合、利益共享、风险共担的合作文化,促进平台的稳健运行和可持续发展。

第二节　产教融合之道:现代模具工匠培育途径

阳明学院在校企合作共育技能人才方面,结出了“校企携手出实招,精准育人趟新路”的硕果。其中,与植根余姚的浙江大丰实业股份有限公司的产教融合可称其中一个范例。

阳明学院与浙江大丰实业股份有限公司(以下简称大丰公司)联办的产教融合“大丰班”开班仪式如图 6-1 所示。

图 6-1　“大丰班”开班仪式

每年实习季,阳明学院“大丰班”学生都会走进大丰公司跟岗实训。2021 年 6 月中旬,阳明学院“大丰班”的 47 名学生来到大丰公司进行为期一个月的跟岗实训,旨在让学生们感受制造业的工作氛围,提前了解制造业的生产现场环境,同时也期望学生们能对企业的生产工艺流程、行业发展动态及自身专业的就业形势有初步的了解,能够更好地适应社会发展的需要。

这类实训课程,既有企业价值观、安全生产、企业规则等岗前培训,同时也有生产线上各个岗位的实习操作,其中包括装配、质检、设备维修、数控等。为更好地达到跟岗实训的效果,“大丰班”采取一对一、一对二等现代学徒制方式,使每一个学生真正做到在学中干,在干中学。

阳明学院是宁波职业技术学院首个“教育教学改革综合试验区”,率先实行百分之百的现代学徒制。“大丰班”学生到大丰公司进行现代学徒制跟岗实训,可以培育学生的工匠精神,让他们脚踏实地地成长为一名复合型的技术技能人才。校企双方依托订单式培养,做到校企优势互补、资源互通,为学生的实习和就业搭建更好的平台。开展校企合作,对于学生来说,能够充分把理论知识灵活运用到实践中;对于企业来说,能够缩短人才培养的时间,节省精力,使高校成为企业强大的人才储备库。在互利互动中,企业致力于为学生创建产教融合的企业生产平台,校企合作贯穿培养学生的整个过程,以企业应用、检验和巩固学生所学的知识与技能,从而实现为企业储备高素质、高技能人才的目的,翻开校企合作共赢的新篇章。

阳明学院学生在大丰公司跟岗实训如图 6-2 所示。

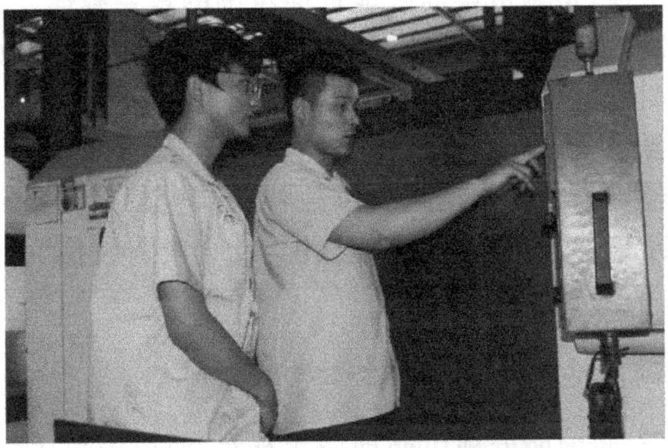

图 6-2　阳明学院学生跟岗实训现场

第三节　产教融合之策:现代学徒制跨企业训练

国家“十四五”规划从加大人力资本投入,增强职业技术教育适应性的政策视角,提出要“探索中国特色学徒制,大力培养技术技能人才”。要贯彻落实好这一重要部署,需要从根本上把握其重要意义,从内涵上理解其核心要义,进而为其发展找准关键路径。

一、发展中国特色学徒制的重要意义。

学徒制由来已久,在不同国家都有发展。当前将探索中国特色学徒制作为我国“十四五”国民经济和社会发展规划的重要内容提出,其重要意义远不止于职业教育人才培养层面。这个问题可以从以下三个方面来认识。

1. 大力培养技术技能人才,是服务经济社会发展的重要途径

为应对新一轮科技革命和产业变革的深入发展,国家明确要把发展着力点放在实体经济上,加快发展现代产业体系,同时通过更加充分、更高质量的就业来扩大中等收入群体,释放内需潜力,推动形成新发展格局。不论是服务产业发

展，还是稳就业、促增收、保民生，都需要职业教育充分发挥人力资源的开发作用，通过探索中国特色学徒制，提高技术技能人才供给水平。

2. 深化产教融合、校企合作，是强化职业教育类型特色的重要举措

在国家高质量教育体系建设的大背景下，职业教育也同步迈入以提质培优、增值赋能为主线的高质量发展新阶段。职业教育高质量发展急需以类型定位为逻辑起点，破解产教融合不够深入、校企合作不够紧密的体制机制难题。探索中国特色学徒制正是破解这一难题的有效举措。

3. 弘扬工匠精神，是营造崇尚技能社会氛围的重要载体

工匠精神是民族精神、时代精神的生动体现，是支撑职业教育蓬勃发展的灵魂。“十四五”时期，职业教育要“长入”经济、“汇入”生活、“融入”文化、“渗入”人心、“进入”议程，要在全社会营造尊重技能、尊重技术技能人才的价值观念和社会风尚。探索中国特色学徒制正是要以独特的师生关系、独特的教学方法来弘扬精益求精的工匠精神，营造国家尊重技能、社会崇尚技能、人人享有技能的社会氛围。

二、重构中国特色学徒制的核心要义

目前，学徒制在我国的发展以两种形式存在，即现代学徒制和企业新型学徒制。这两种学徒制，不同的是形式，共同的是“中国特色”，都致力于打造体现中国特色的职业教育发展道路与模式，彰显中国特色的职业教育品牌。

1. 从基本定位来看，中国特色学徒制应基于学校职业教育

我国发展学徒制是为了更好地满足经济社会发展对技术技能人才的需求，其服务面向是全社会，而非某一特定企业，因此，应具有培养规模量大面广、培养标准普适统一等特点。这就要求学徒制必须是校企双主体。单一的企业或培训机构进行的学徒培训，并非中国特色学徒制的发展方向。

2. 从培养目标来看，中国特色学徒制应培养学生（学徒）兼具职业素养、专业知识与专业技能

在我国产业基础高级化、产业链现代化水平要求越来越高的背景下，学徒培养不能仅停留在通用的知识与技能层面，还必须使学徒掌握专业领域内一定程度的特殊知识与技能，为进一步获得精湛技术，乃至进行技术创新打下基础。因此，短平快、速成式的学徒培养培训不是中国特色学徒制。

3. 从培养模式来看，中国特色学徒制应采用工学交替的方式

近代学校教育出现以来，工学交替成为学徒制培养的共识。企业提供实习实训岗位是学徒实现工学交替的重要路径，但不是唯一路径。如学校内部已建有生产型实习实训基地，或具有学徒技能习得所必需的环境场景，则不需要学生

(学徒)往返于学校与企业之间,只在校内即可实现工学交替式的学徒培养。当然,企业的真实岗位与环境仍然是中国特色学徒制的基本要素之一。

4.从制度保障来看,中国特色学徒制应有健全的师徒制度

稳固的师徒关系是保障学生学徒身份的必要条件,也是中国特色学徒制的基本要素。一方面,须确保学生(学徒)具有固定的培养导师,且导师能够胜任对学生(学徒)职业素养、专业知识与专业技能的培养工作。如学校不具备这样的导师人选,则须聘任企业人才,实施校内、校外双导师制。另一方面,要有相应的激励、保障制度,来调动导师及学徒参与学徒制培养的积极性,使导师真心愿意教、学徒真心愿意学。

三、优化中国特色学徒制的培养模式

近年来,职业教育实施的现代学徒制和企业新型学徒制试点,为中国特色学徒制的进一步发展奠定了重要基础。以往试点中呈现的地方政府统筹力度不够、各方责任权利不清晰、学徒法律权益保障不充分、评价标准不健全、师徒积极性与动力不足等问题,正是如今发展中国特色学徒制的关键突破点,探索解决这些问题,要在以下几个方面发力。

1.以多元主体协同推进为前提,强化政策供给与制度保障

政府要发挥统筹作用,从权益保障、经费支持等方面做好政策供给;行业要发挥指导作用,从专业建设、课程开发、质量评价等方面做好标准供给;企业与学校要共同发挥主体作用,从导师管理、学徒保障、培养过程等方面做好制度与资源供给。

2.以健全国家专业教学标准为前提,建立学徒培养质量评价标准

要真正调动导师“教”和学徒“学”的积极性,必须要有明确的可预期、可执行的质量标准。同时,为了确保学徒培养质量获得行业领域内的一致认可,其质量评价标准必须基于公认且健全的国家专业教学标准。

3.以校企深度合作为前提,优化学徒制人才培养模式

决定学徒培养质量的关键在于对学徒的培养模式。企业在学徒制实施中,不仅作为资源、制度的供给者,还要深度参与学徒培养的全过程,从导师培养、课程与岗位开发、工学交替教学方式设计等人才培养各环节中来优化学徒培养模式。

阳明学院在现代学徒制校企合作实施过程中,坚持经常化、制度化交流探讨,适应双方供求需要。其中,召开研讨会是一个行之有效的形式。2021年6月,阳明学院召开现代学徒制校企合作研讨会如图6-3所示。

此次研讨会,舜宇集团有限公司、浙江大丰实业股份有限公司、神通科技集

图 6-3 阳明学院召开现代学徒制校企合作研讨会

团股份有限公司、宁波远东制模有限公司、宁波富佳实业股份有限公司、宁波尹球五金制造有限公司等 11 家余姚本土的校企合作企业出席，学院领导班子全体成员参会。研讨会围绕本学期现代学徒制跟岗实训及下学期顶岗实习展开，涉及跟岗实训的课程安排、学生意外事故处理、学生人岗匹配、企业指导师傅选聘等议题，企业代表和学院领导纷纷发言，研讨会氛围热烈，为深化产教融合、推进现代学徒制提供有力支持。

来自舜宇集团的谢红丰谈到，职业教育推行现代学徒制是社会发展的需要，学校和企业要结合学生的专业特长定制发展路径，从制度层面和管理层面增强约束和引导。同时，也要在实训过程中加强阶段性考核，以此来进行岗位调配和优化，激发学生的学习兴趣和工作乐趣，培养学生吃苦耐劳、持之以恒的匠心素养。来自宁波尹球五金制造有限公司的副总经理余建军提到，现代学徒制要不断完善学生、企业双向互选机制，企业应该结合学生的专业专长、兴趣意愿、职业规划等提供合适的企业岗位，增强企业岗位的吸引力，“量体裁衣”地给予学生企业任务和工作量；同时校企双方应加强学生意外事故处理的预案管控，从安全教育与制度层面严格管理，以降低意外事故的发生概率。另外，校企也可以通过党建共同体、支部共建等渠道，加强对学生思想素质的培养。来自浙江大丰实业股份有限公司的胡椰红谈到，现代学徒制背景下，应设计规划不同年级学生培养的侧重点，如大一的学徒制企业跟岗实训，可侧重让学生感受企业文化氛围、感受企业 7S 管理文化、学习提高职业素养等，同时加强学生企业跟岗实训前的安全教育、纪律意识教育等。

王正才代表阳明学院感谢各位合作企业多年来对学院人才培养、产教融合等工作的大力支持，他谈到企业和学校怀着共同育人的初心和使命，密切合作、协同育人，加速产教深度融合，探索人才培养的新途径和新模式，共同提升人才培养质量、提高职业技能人才的核心竞争力，提质培优高素质高技能人才，是双方合作的出发点和归宿。他表示，阳明学院将继续携手余姚本土企业，加强跟岗实训学生的协调工作，深入分析落实会上讨论的问题和建议，持续深入开展现代学徒制，强化制度建设和机制创新，分阶段明确现代学徒制的任务目标，从素质教育到技能教育，从企业跟岗实训到顶岗实习，扎实提高人才培养的适应性和针对性。

第四节　案例解析：现代模具工匠培养的校企合作项目开发

本节以宁波职业技术学院阳明学院和舜宇集团有限公司人才培养基地合作组建的"舜宇集团学徒制班"为实例，解析实证现代学徒制。

"这里的毕业生专业技能强、肯吃苦、虚心好学，符合我们的期望。"这是该公司负责人对阳明学院学生的评价。2010 年办学至今，阳明学院始终坚持"产教融合、校企合作、工学结合、知行合一"的办学思想，紧紧抓住宁波作为全国首个"中国制造 2025"试点示范城市的契机，积极参与推动制造业向高端化、智能化、绿色化发展，将学院建设成为合作有效化、教育信息化和办学国际化，跨境、跨界、跨专业协同发展的"三化三跨"特色学院，竭力服务学生成长、满足学生多样化的成才需要。2019 年 4 月，教育部、财政部联合发布《关于实施中国特色高水平高职学校和专业建设计划的意见》(简称" 双高计划")，提出集中力量建设一批引领改革、支撑发展、中国特色、世界水平的高职学校和专业群。2019 年 12 月，"双高计划"入选名单揭晓，宁波职业技术学院从全国 1438 所高职(专科)院校中脱颖而出，入选中国特色高水平高职学校，应用化工技术、模具设计与制造两个专业群入选中国特色高水平建设专业群，成为宁波市唯一入选"双高计划"的高职院校。其中，模具设计与制造专业群由模具设计与制造、机电一体化技术、机械制造与自动化等专业组成。作为阳明学院的王牌专业，模具设计与制造专业在全国 5 所"中国特色高水平模具设计与制造专业群建设计划"中排名首位，是国家示范重点建设专业、教育部首批现代学徒制试点专业。

余姚素有"塑料之乡""模具王国"的美誉，模具人才是当前本地人才市场最紧缺的人才之一。为满足本地模具特色优势产业对高层次、高技能人才的需求，阳明学院模具设计与制造专业通过与国际工业巨头瑞士 GF 阿奇夏米尔集团合作共建"GF 精密智能制造体验中心"，开展"中德合作 IHK 职业教育项目"，引进国际职业资格证书；与英国诺丁汉中央学院合作，引进"ELA 职业资格体系"；与国际贸易、商务英语等专业跨专业联合培养具有国际化视野的复合型高端技术人才。校企合作的案例如图 6-4 所示。

校企合作
会模具专业指导委员会2016年年会
引进德国IHK（HWK）职业资格证书签约
与瑞士GF集团合作签约
战略合作框架协议签约仪式
与宁波模具园合作签约
与北仑舟山港集团合作签约
与北京精雕科技集团合作签约（开设北京精雕班）
宁波舜宇模具股份有限公司
与宁波舜宇模具合作培养人才

图 6-4 校企合作的案例

第七章 “双师”队伍建设：“阳明模式”培养质量保障体系之一

“双师”队伍建设是高等职业院校师资力量建设的一大特色，也是高职毕业生体现优势的一大保障。《国家职业教育改革实施方案》出台以后，职业教育改革发展进入提质培优的升级版。实施方案明确提出，多措并举打造“双师型”教师队伍。从2019年起，职业院校、应用型本科高校相关专业教师原则上从具有3年以上企业工作经历并具有高职以上学历的人员中公开招聘，特殊高技能人才(含具有高级工以上职业资格人员)可适当放宽学历要求；2020年起，基本上不再从应届毕业生中招聘；到2022年，“双师型”教师(同时具备理论教学和实践教学能力的教师)占专业课教师总数超过一半。由此可见，高职教育的发展战略和国家制定的职教政策都对高职院校“双师”队伍建设提出了新的更高的要求。为建立和完善高职人才培养质量保障体系，师资力量保障是基础，宁波职业技术学院阳明学院对此进行了十余年不懈的探索，积累了切合实际的认知理念和有效举措。

第一节 “双师素质”和“双师结构”概述

一、“双师型”教师的界定

所谓“双师型”“双师素质”“双师结构”，是就师资队伍中教师个人或团队的素质构成而言的，是指既具有讲师及以上职称，又具有工程师、经济师、技师或高级技师等职业资格证书的教师队伍；或者指既具有从事高职院校专业教学素质和水平，又有在企业、工厂相关专业岗位工作经验、能从事专业实践教学的教师(队伍)。“双师型”教师是高职教育教师队伍建设的特色和重点，大力加强“双师型”教师队伍建设，已经成为社会和教育界的共同认知。什么是“双师型”教师？目前主要有两种界定：一是“双职称型”，即教师在获得教师系列职称外还需要取得另一职称；二是“双素质型”，即教师既要具备理论教学的素质，也应具备实践教学的素质。“双师型”教师应同时具备以下几个方面的素质和能力。

(1)有良好的职业道德,既具有教书育人,又具有进行职业指导等方面的素质和能力。

(2)具备与讲授专业相对应的行业、职业素质,要求具备宽厚的行业、职业基本理论、基础知识和实践能力。

(3)具备相当的经济素养,即具备较丰富的经济常识,熟悉并深刻领会“人力资本”“知识资本”等经济理论,树立良好的市场观、质量观、效益观、产业观等经济观。自觉按照竞争规律、价值规律等市场经济要求办学办事,并善于将经济常识、规律等贯穿于教育的全过程。

(4)具备相当的社会沟通、交往、组织和协调能力,既能在校园内交往与协调,又能在企业与行业从业人员之间进行交流和沟通。

(5)具备相当的管理能力,即在具备良好的班级管理、教学管理能力的同时,更要具备企业、行业管理能力,懂得企业和行业管理规律,并具备指导学生参与企业、行业管理的能力。

(6)具备相应的适应能力和创新能力,即要适应资讯、科技和经济等快速变化的时代要求,具备良好的创新精神。

二、“双师型”教师的形成

高职院校的教学实践表明,职业教育的发展关键看教师,教师素质关键看“双师”,特别是“双师型”教师队伍的规模、结构、素质、来源。近年来,教育部、财政部连续实施了两个周期的职业院校教师素质提高计划,职业教育教师队伍规模和质量明显提升,培养了一大批专业带头人和职教名师。2019 年,我国职业教育专任教师超过 135 万人,其中“双师型”教师超过 48 万人,占比达 35%:中职专任教师超过 84 万,“双师型”教师占比达 32%;高职专任教师超过 51 万人,“双师型”教师占比达 40%。教育部职教所开展的全国职业院校教情调查显示,目前职业院校教师队伍整体上体现出师德良好、首选职业比例高、学历匹配好、工作效能感和认同感较好等优势,能够较好地适应教育教学改革的新要求,有力支撑了职业教育的高质量发展。但是,专业的升级、课程的更新、生源的多样,对职业院校教师提出了新的挑战,“双师型”教师队伍建设面临诸多困难。比如,由于体制方面的“天花板”,职业院校师资总量依然不足,特别是高职扩招后需新增教师数万人,部分职业院校师生比不达标;由于收入分配的“玻璃门”,职业院校的绩效工资制度还不完善,职称制度改革有待深化;由于校企双向交流的“旋转门”还不顺畅,想招的人进不来,能进能出的双向流动机制还没有建立。同时,不少教师面临着知识更新难、技能实操弱等问题。有关调查也显示,在职业院校教师队伍建设中,仍然存在企业经历不足、职前准备不充分,研究能力和社会服务能力不强,学校归属感、工作获得感、工作满意度不高等问题。

“十四五”时期是我国职业教育改革攻坚、爬坡过坎的关键期,也是职业教育教师队伍提质增效、增值赋能的机遇期,重中之重就是要着力突破制约“双师型”教师队伍建设的瓶颈和难点,切实提升教书育人本领,打造职业教育“工匠之师”。阳明学院通过十余年办学摸索,就推进“双师型”教师队伍建设有以下几点心得体会和建言献策。

1.重视建立培养培训体系

优化布局结构,鼓励有条件的优质高职学校转型为职业技术师范类院校或开办职业技术师范专业,支持高水平工科院校分专业领域培养职业教育师资,实施好校企共建“双师型”教师培养培训基地和教师企业实践基地,落实5年一轮的教师全员轮训制度;定期组织选派职业院校专业骨干教师赴国外研修访学;结合“1+X”证书制度试点加强师资培训,逐步探索出一条培养路径更加科学、培养层次逐步提升、培养机构更加多元的新路子。

2.充分发挥校企双方优势

要扩大教师的来源渠道,今后新教师原则上从具有3年以上企业工作经历并具有高职以上学历的人员中公开招聘。鼓励职业院校从企业聘请具有实践经验的专业技术人员、高技能人才担任兼职教师。支持职业院校面向社会和企业自主招聘兼职教师。建立健全职业院校教师编制动态管理机制,完善“固定岗+流动岗”资源配置新机制,遴选、建设兼职教师资源库。依托产教融合型企业,推动校企共建教师培训基地和教师企业实践基地,为职业院校教师每年至少一个月的实训提供支撑。

3.科学用好考核评价机制

要落实《深化新时代教育评价改革总体方案》,健全分层分类的职教教师专业标准体系,推进践行教书育人使命。健全“双师型”教师认定、聘用、考核等评价标准,突出实践技能水平和专业教学能力,完善以教书育人实绩为导向的教师评价机制,深入推进职业院校教学工作诊断与改进机制。发挥教学能力比赛“以赛促教”的积极作用,发挥社会第三方评价作用。改革职业院校专业教师晋升和评价机制,纠正“重学历轻能力”倾向,将企业生产项目实践经历、业绩成果等纳入评价标准。改革完善职业院校绩效工资政策,鼓励教师参与职业培训、校企合作、技术服务等并依法依规取得收入。

三、“双师型”教师的引进

《国家职业教育实施方案》明确指出,自2019年起,除持有相关领域职业技能等级证书的毕业生外,职业院校、应用型本科高校相关专业教师原则上从具有

3年以上企业工作经历并具有高职以上学历的人员中公开招聘。由此可见,企业将成为"双师型"教师的重要来源。从企业招聘的老师可以立即上岗,对相关理论、实践等都非常清楚。此外,企业的生存环境也使得从企业出来的老师工作态度更积极,危机意识更强。以往学校教师招聘主要以高校的应届毕业生为主,但从2020年开始情况已在慢慢转变,以阳明学院招聘的专任教师为例,其中一半为应届毕业生,另外一半则来自企业。十余年来,我校共从企业引进多名专业对口且实践水平高、管理经验丰富的高级工程师、技师作为学校专职专业课教师和实训课教师。此外,我校还聘请企业一线专业技术人员作为学校兼职教师,且兼职教师队伍授课课时持续增长。

随着高职扩招,师资更加紧张,只能慢慢过渡到以企业招聘为主。即使只从企业引进"双师型"教师,其职业能力很快也会因为知识老化而"过时",需要其不断到企业进行实践、学习,如此循环往复。

四、"双师型"教师的激励

除了从外部引进扩展"双师型"队伍的"增量",对于众多职业院校来说,如何对学校在职教师进行培养以转型为"双师型"教师,盘活现有的"存量"也同样重要。"双师型"教师培养,最重要的是从办学机制上打破"铁饭碗",解决师资内在的发展动力问题。现在对于教师的企业实践质量、能力提升效果如何,很多学校很难进行量化考核,企业也很难管理教师工作,导致教师企业实践容易"走马观花"。因此,要激发教师进行实践能力提升的自觉性、主动性,一方面是"挥鞭子",坚定实施人事制度改革,打破教师"铁饭碗",新进专任教师实行"预聘一长聘"制,考核坚持"三年达标、六年晋升"原则,聘期内经考核达到要求的签订长聘合同,未达到要求的终止聘用,以此激发师资活力。另一方面是"竖梯子",学校制定有关"双师"素质教师的培训方案,按照人均培训费报销标准,支持学校教师参加职业技能等级证书培训,鼓励教师获得任课行业企业高端证书等。

此外,到企业挂职、服务社会、参与技能大赛等,应成为教师的重要评价标准,通过专业技术职务评聘、教师聘期考核、教师分类管理,引导教师到企业一线去,更新知识,提升能力。除了鼓励教师"走出去",还要加大"引企入校"的力度,建立一个"校中厂",即通过校企合作把相关行业经济实体等引进学校,由教师担任项目运营负责人,带领学生直接参与项目运营。这样,不仅解决了学生的实训问题,更重要的是教师能参与项目的运营,更直接地参与到行业发展中去,也更有利于提升"双师"素质。

第二节 “现代模具工匠双师结构”教学团队建设

阳明学院在贯彻《全国职业教育实施办法》过程中,着力破解职业教育“双师型”教师队伍建设难题,建立具有“阳明模式”特色的“双师型”教师队伍。这里以“现代模具工匠双师结构”教学团队的建设为例,就“双师素质”与“双师结构”进行实例解读。

1.建立分层分类的“双师型”教师标准体系

学院分别建立覆盖公共课、专业课、实践课等各类课程的“双师素质”教师建设标准,专业课“双师型”教师建设标准和专兼结合“双师结构”教师队伍建设标准。

2.推进教师准入机制改革

一是通过直接考察的方式公开招聘高层次、高技能人才。二是对具有特殊才能的行业专家和高技能人才,公开招聘时适当放宽年龄、学历限制。三是根据技能人才培养的实际需要设置校内特聘岗位,其职级待遇由学院根据受聘者的实际贡献,参照相关规定自主确定。

3.健全专兼结合的“双师结构”教师队伍

一是设立兼职教师“流动编制”和兼职教师资源库,学院专设流动岗位、自主聘任兼职教师。二是推进企业导师队伍建设,充分发挥高校产业教授推进产教融合的作用。三是继续实行兼职教师经费奖补政策。

4.建立新教师入职培训制度

学院建立新教师“师范教育+企业实践”入职培训制度,并探索建立新教师为期3年的企业实践制度。逐步推行将行业企业从业经历作为认定教育教学能力、取得专业教师资格的必备条件。建立青年教师导师制,为新入职3年内的青年教师配备校企“双导师”,指导其职业发展。

5.完善“双师型”教师培训体系

学院落实5年一周期的全员轮训制度。完善专任教师企业实践制度。其中,专业课教师(含实习指导教师)每5年必须累计不少于6个月到企业或生产服务一线实践,每年至少累计1个月以多种形式参与企业实践或校外基地实训。规范教师培训管理,完善规章制度、严格机构遴选、项目准入、经费使用等各项环节要求,推动“双师型”教师培训管理信息化、制度化。

第八章 实训基地建设:"阳明模式"培养质量保障体系之二

高职教育是一种以能力培养为核心的教育,具有职业技术教育与高等教育的双重属性。校外实训基地建设是高职教育教学基本建设的重要组成部分,是培养高素质技能型人才的必要条件和保障举措。

第一节 生产型实训基地的建设与管理

生产型实训基地是学生巩固理论知识、增强劳动观念、练就实践能力、实现角色转换、培养综合职业素质的实践性学习与训练场所。建设校外实习基地是职业学校专业建设、课程建设、理论与实践相结合的基本内容。生产型实训基地一般与企业合作设置于校外,因此也称为校外实训基地。阳明学院在加强校外实训基地的建设、规范基地管理等方面,形成了特有的实施方案及路径。

一、校外实训基地的类型

阳明学院根据专业设置及课程教学的需要,有计划、有步骤地选择能满足教学实习要求的各类单位建立校外教学实训基地,主要分为三类:课程教学需要的教学实训基地;专业教学需要的生产实训基地;其他短期、分散的实习单位(点)。

二、校外实训基地建立的条件

(1)校外实训基地的建立应有利于促进学校与基地资源共享、互惠互利、共同发展。

(2)校外实训基地的领导应重视实训基地建设。实训基地应具备实习条件和管理环境;能够帮助解决实习学生所需的食宿、劳动保护和卫生等问题。

(3)校外实训基地能够选派具有相应专业技术职务的指导教师(师傅)对学生进行指导,使学生能有效地参与实践活动,顺利完成实训计划。

(4)校外实训基地要求相对稳定,每学期或每学年能接收固定专业的学生进行实习。

三、校外实训基地建设的原则

(1)满足教学需要的原则。实训基地建设要从满足教学需要的角度出发,针对专业设置及课程教学要求,制定科学合理的实训基地建设规划。

(2)坚持"互惠互利,双方受益"的原则。学校在与校外实训基地的合作过程中,学校可以利用基地的条件培养学生的动手能力和创新精神,基地可以从实习生中优先选拔优秀人才,满足企业日益增长的用工需求,达到双赢的效果。

(3)动态合作发展的原则。由于行业与企业竞争日趋激烈,产业结构也在不断调整,行业与企业始终处于动态发展之中,因此,对校外实训基地的建设应实行动态的合作与发展。对于一些条件好、发展稳定并具有积极合作意向的行业与企业可以建立相对固定的实训基地,而有的实训基地则需根据实际情况进行动态调整,以保证实践教学的质量和实训基地的使用效果。

四、校外实训基地的组织管理

(1)成立实训基地领导小组。领导小组由产教双方有关领导、技术人员和教师组成,由实训基地所在方任组长,学校方任副组长,定期研究基地建设事宜。

(2)成立由学校主管领导和相关职能部门负责人组成的学校校外生产实习领导小组,负责对校外生产型实训工作的领导,组织和协调有关生产实习方面的重要事项。

(3)学校委派实训管理职能部门和实习班主任具体负责学生校外生产型实习的管理工作。实训管理职能部门主要负责与实训基地的联系、沟通、协调及生产实习过程的检查、督促。实习班主任是生产实习的第一责任人,直接负责管理该班学生在实习期间的所有事务。

(4)学生到生产型实训基地顶岗实习后,由实训基地领导,实习车间主任、指导师傅、实习指导教师等组成实习指导小组,帮助学生制订实习计划,指导学生生产实习,组织管理实习过程,负责学生实习成绩的鉴定。

五、学校与实训基地职责

1.学校应承担的职责

(1)在实习前把实习计划、实习大纲和实习指导书送达实训基地,并与基地有关人员共商管理措施。

(2)根据实训基地的需求,提供专业对口、数量充足的实习学生。

(3)实习结束后学校可优先向实训基地推荐优秀毕业生。

(4)优先优待实训基地来校宣传、介绍、双向洽谈事宜。

(5)委派实习指导教师负责学生的实习管理检查工作。

(6)为实训基地在职人员岗位培训及继续教育提供便捷、优待。

2.实训基地应承担的职责

(1)委派相应的专职或兼职人员负责学生实习的日常管理、实习考核工作。学生若有违反实习纪律等情况，及时与学校联系沟通；学生实习结束前，按学校提供的《实习成绩评定表》做好每位学生的实习考核及评定工作。

(2)妥善安排实习师生的教学、实习工作以及住宿、生活等。

(3)负责实习师生的安全和规章制度教育，并签订实施实习安全协议。

(4)向学校提供本基地招聘实习生的需求信息及动态情况，如实习部门、实习岗位、实习时间、岗位要求等。

(5)对学生进行岗前考核筛选，确定基地实习学生，并与学校和实习学生共同签订《实习协议书》。

(6)根据生产实际，合理安排学生的实习岗位和工作，并按照《实习协议书》做好学生的实习管理工作，确保学生实习的顺利完成。

(7)为实习学生提供一定的岗位或生活补贴，具体金额由基地与学校双方协商决定。

六、校外实训基地的规范协议与评选制度

校外实训基地共建双方有合作意向，在符合建立校外实训基地条件的基础上，经协商后可由学校与基地所在单位签订校外实训基地协议书(一式两份)，由学校、实训基地各执一份；校外实训基地协议合作年限根据双方意向确定，一般不少于一年。协议书应包括以下内容：双方合作的目的；基地建设目标与受益范围；双方的权利和义务；实习师生的住宿(交通)、学习等安排；协议合作年限；其他事项。

实训基地建立运作期间，应建立校外实训基地协作会制度和优秀实训基地评选制度。学校根据专业门类的特点，成立各类由校外实训基地会员单位组成的协作会。定期召开协作会议，旨在加强学校与校外实训基地的联系，探讨教学实习发展的新思路，促进学校教学实习质量的不断提高。同时建立实施优秀实训基地评选制度。学校根据实训基地发挥作用的情况，定期对实训基地进行检查评估(一年评比一次)，对成绩突出的单位和个人予以表彰奖励。

第二节 创新与名企“一对一”、中小企业“一对多”的校企合作机制

宁波职业技术学院阳明学院在校企合作共创共建实训基地中,形成了名企“一对一”、中小企业“一对多”的有效机制。现以阳明学院与北京精雕科技集团现代学徒制校企合作进程会议纪要(汇编)为例,进行展示和诠释。

2016 年 9 月—12 月,阳明学院院长王正才与北京精雕科技集团运营总监于洋互相了解、沟通具体合作事宜。

2016 年 12 月 16 日,于洋正式到阳明学院就合作事宜进行洽谈。

会议时间:2016 年 12 月 16 日上午 9:00。

会议地点:阳明学院会议室。

与会人员:北京精雕科技集团运营总监于洋,北京精雕科技集团余姚分公司总经理高正龙,阳明学院院长王正才,余姚市职成教中心学校校长助理徐文吉,卓越技师学院办公室主任余立军,卓越技师学院冯雷,阳明学院办公室工作人员陈姜帅,宁波德龙教育科技发展有限公司总经理陈江,阳明学院教师程磊淼、吴岳良。

会议纪要:①商榷现代学徒制校企合作具体方向、阶段目标及模式;②现代学徒制校企合作签约等具体事宜,如图 8-1 所示。

图 8-1 阳明学院与北京精雕科技集团洽谈

2017 年 1 月 10 日,阳明学院王正才一行到宁波精雕数控工程有限公司(杭州湾)。

会议时间:2017 年 1 月 10 日。

会议地点:宁波精雕数控工程有限公司。

与会人员:宁波精雕数控工程有限公司总经理魏慎国,阳明学院院长王正才,

宁波德龙教育科技发展有限公司总经理陈江，阳明学院办公室工作人员陈姜帅。

会议纪要：①王正才一行人参观宁波精雕数控工程有限公司(杭州湾)，了解企业具体生产与人才需求；②王正才与宁波精雕数控工程有限公司魏慎国沟通现代学徒制校企合作学生合作培养事宜；③王正才看望正在工作的毕业生代表，如图 8-2 至图 8-4 所示。

图 8-2 宁波精雕数控工程有限公司(杭州湾)车间

图 8-3 王正才与魏慎国洽谈

图 8-4 王正才看望正在工作的毕业生代表(左一：方正杰 右一：蔡钦楠)

2017年1月17日宁波职业技术学院与北京精雕集团正式合作签约。

会议时间:2017年1月17日。

会议地点:余姚市职成教中心学校会议室。

与会人员:余姚市教育局副局长丁维钧,宁波职业技术学院校长张慧波,北京精雕科技集团副总裁樊维龙,宁波职业技术学院副校长郑卫东,余姚市教育局职教科科长许孟烈,北京精雕科技集团运营总监于洋,余姚市职成教中心学校校长鲁伟明,宁波精雕数控工程有限公司总经理魏慎国,北京精雕科技集团宁波分公司总经理陈义松,北京精雕科技集团余姚分公司总经理高正龙,北京精雕科技集团职教合作中心经理孟庆浩,宁波职业技术学院招生办主任励宁,宁波职业技术学院阳明学院院长王正才,宁波职业技术学院教务处副处长施立钦,余姚市职成教中心学校副校长赵永明,余姚市职成教中心学校校长助理徐文吉,余姚电视台、余姚日报等媒体记者。

会议议程如下。

第一阶段主持人:郑卫东。地点:余姚市职成教中心学校行政会议室。①宁波职业技术学院阳明学院简介、教学改革情况(王正才)。②北京精雕科技集团简介及人才需求计划(樊维龙)。③北京精雕集团与宁波职业技术学院阳明学院签署校企合作协议、授牌(于洋、王正才);见证人:丁维钧、张慧波、樊维龙、郑卫东、鲁伟明、许孟烈。④宁波职业技术学院校长致辞　张慧波。⑤余姚市教育局领导致辞。⑥合影留念。

第二阶段主题:校企合作座谈会、参观宁波职业技术学院阳明学院实训中心。主持人:郑卫东。地点:宁波职业技术学院阳明学院行政会议室。参加人员:宁波职业技术学院张慧波,北京精雕科技集团樊维龙,宁波职业技术学院郑卫东,北京精雕科技集团于洋,宁波职业技术学院阳明学院王正才,如图8-5至图8-7所示。

图8-5　签署现代学徒制合作协议

图 8-6　互授合作牌匾

图 8-7　与会领导和嘉宾合影

2017 年 3 月 7 日北京精雕科技集团于洋到宁波职业技术学院进行深入合作交流。

会议时间：2017 年 3 月 7 日。

会议地点：宁波职业技术学院西校区 A-201 会议室。

与会人员：北京精雕科技集团运营总监于洋，宁波职业技术学院教务处处长裘腰军，阳明学院院长王正才，卓越技师学院副院长王灵玲，宁波职业技术学院招生办主任徐俊杰。

会议纪要如下。

北京精雕科技集团与宁波职业技术学院教务处、招生办等部门达成共识，明确与宁波职业技术学院的合作办学培养人才的模式：准生产、准员工，允许学生生产不合格产品，前提是双方要保证投入。①学校提供场地（最好能从基建开始）、基础教学（负责招生）、学生管理（日常的学生事务管理）等。②北京精雕科技集团投入设备（培养人才相应的配套设施）、技术实训（提供负责教学的工程师）、生产管理（设置生产实训模块）、学生管理（实训现场的管理）等。③可利用公司化运营，宁波职业技术学院与北京精雕科技集团可各占股份，共同投入人员成本、运营费用等。

2017 年 3 月 20 日阳明学院王正才一行到北京精雕科技集团杭州分公司对现代学徒制“精雕班”课程作深入研讨。

会议时间:2017 年 3 月 20 日。

会议地点:北京精雕科技集团杭州分公司。

与会人员:北京精雕科技集团运营总监于洋,阳明学院院长王正才,阳明学院教师陈姜帅、程磊焱,北京精雕科技集团杭州分公司部分技术骨干。

会议纪要如下。

①需要校企双方共同拟定浮雕课程标准、从浮雕设计到编程再到加工等环节的标准;共同制定内容按章节的模块标准。②引入多轴加工标准课程需要北京精雕科技集团提供多轴加工完整命令的授权,并在学生机房的电脑上安装软件。③CAD/CAM 网络版软件植入学生机房。

2017 年 4 月 26 日,宁波精雕数控工程有限公司(杭州湾)人事主管到阳明学院提出 50 名顶岗实习学生或毕业生的招聘需求。随后阳明学院推荐模具设计与制造专业 2018 届毕业生 26 名学生于 2017 年 7 月初到宁波精雕数控工程有限公司进行顶岗实习,2017 届毕业生 2 名于 4 月底进入实习阶段,预计 6 月中下旬拿到毕业证书后即能转正。协助安排宁波精雕数控工程有限公司于 6 月 1 日参加宁波职业技术学院 2018 届毕业生顶岗实习暨预就业校园大型综合招聘会。

2017 年 5 月 25 日,阳明学院院长王正才在全国职教师资第三期现代学徒制模式下的人才培养方案的制订与实施培训班中做了题为“精准对接,合作育人——与北京精雕科技集团合作的现代学徒制人才培养”的讲座,如图 8-8 所示。5 月 26 日上午,该期师资培训班的学员参观了宁波精雕数控工程有限公司,进行现场交流,如图 8-9 所示。通过这样的形式把阳明学院与北京精雕科技集团的“现代学徒制”合作模式深入全国职业教育教师培训课堂,成为全国职业教育师资培训宁波基地教师培训的典型教学案例。

图 8-8 “现代学徒制”合作模式讲座

图 8-9　参观宁波精雕数控工程有限公司

2017 年 6 月 5 日,"北京精雕 · 宁职院现代学徒制"招工面试在阳明学院举行,根据宁波精雕数控工程有限公司储备人才计划,按照校企双方合作开展现代学徒制人才培养框架协议,面向阳明学院首批现代学徒制试点——模具设计与制造专业的大二学生招聘,企业直接授权委托学校自主进行面试,如图 8-10 所示。22 名同学通过了本次面试,通过面试的同学与企业及学校签订三方协议,明确学生的双重身份,成为企业的准员工,将在企业进行为期一年的现代学徒制岗位培养,企业将为学徒提供最低限额的津贴,同时还为学徒提供工作餐补助、工作服、免费住宿及工伤保险等方面的待遇。

图 8-10　企业委托学校招工面试现场

2017 年 6 月 6 日,北京精雕科技集团与阳明学院深入探讨 2017 级模具专业人才培养方案。

会议时间:2017 年 6 月 6 日。

会议地点:阳明学院会议室。

与会人员：北京精雕科技集团运营总监于洋，阳明学院院长王正才，宁波德龙教育科技发展有限公司总经理陈江，阳明学院教师陈姜帅。

会议纪要：6 月 6 日，北京精雕科技集团运营中心总监于洋再次来到阳明学院对接 2017 级模具专业"北京精雕班"人才培养方案。双方对已经拟订的人才培养方案框架表示认同，尤其是对核心课程的设置都较为满意，如精密零件制造及多轴联动加工、塑料模具设计与制造、冲压模具设计与制造、浮雕设计与加工等。所有的专业课程基本上采用学校集中授课和企业任务训练相结合的模式。第四学期开始进入企业岗位培养，顶岗学习。在这一过程中，须落实现代学徒制"师带徒"学习的模式，让学生真正从教师、企业师傅身上学习到有用的知识与技能。之后，对于 2017 级模具专业课程标准的制定和课程整体设计、单元设计等内容还做了进一步沟通，如图 8-11 所示。

图 8-11　校企双方探讨人才培养方案

2017 年 6 月 27 日—7 月 3 日，阳明学院对即将到宁波精雕数控工程有限公司(杭州湾)顶岗实习的 22 名学生进行强化培训。这 22 名学生是第一批通过自主面试进入宁波精雕数控工程有限公司顶岗实习的学生。为了让第一批学生能够尽早顺利地适应实习岗位，阳明学院利用北京精雕科技集团赠送的精雕机床和数控编程软件等资源，对这些学生进行了为期一周的强化培训。6 月 27 日，期末考试全部结束后，学院派车把学生从宁波职业技术学院北仑校区接到余姚校区，下午即开始培训。期间，阳明学院院长王正才进行了义务授课，除了专业知识外，还着重介绍了北京精雕科技集团的企业文化及企业管理，让学生对顶岗实习有了更大的自信。一周的紧张训练，让学生在短时间内熟悉了解北京精雕科技集团，并掌握了一定的精雕软件的使用方法，7 月 3 日培训结束，学生把学习成果一一呈现。

2017 年 7 月 4 日上午，阳明学院教师陈姜帅和程磊焱护送 22 名学生到宁波精雕数控工程有限公司(杭州湾)正式顶岗实习，公司行政人事部工作人员热情接待，并且协助学生填写信息登记表和住宿申请表。全体师生在企业食堂享用工作餐，环境整洁，饭菜可口。饭后入住创客公寓，这是企业提供的免费宿舍，标间形式，公寓有电梯，有公共休息区和洗衣房等。下午正式进行新员工入职培训，学生在会议室里认真学习了企业的相关规章制度，并全部通过了入职培训考核，如图 8-12 所示。

2017 年 7 月 27 日，阳明学院老师彭力明和陈姜帅看望在宁波精雕数控工程有限公司顶岗实习的学生并与学生代表座谈。

图 8-12　新员工入职培训

2017 年 9 月 19 日，第一届“北京精雕班”模具 3170 班正式报到。

2017 年 9 月 22 日，北京精雕科技集团运营总监于洋与“北京精雕班”模具 3170 班全体同学面对面交流，如图 8-13 所示。

2018 年 5 月 3 日—7 月 6 日，“北京精雕班”模具 3170 班 18 位优秀学生分成两批，到北京精雕科技集团余姚分公司进行现代学徒制跟岗实训，实训为期 5 周。

图 8-13　于洋总监在授课

第三节　探索"三元双轨""三岗三模"的模具专业实训模式

现代模具设计与制作专业是阳明学院的培优品牌。以模具专业为标本,足以展示阳明学院独创的"三元双轨""三岗三模"的实训模式。多年实践表明,这是一个源自模具专业培育人才的探索成果,且具有向各类技能专业教学推广的普遍价值。

为此,阳明学院已撰写专题《模具企业生产流程引入综合实训教学的模具专业实践教学体系创新与实践》。这一教学成果总结为以下几个方面。

一、成果简介及主要解决的教学问题

2010 年,阳明学院与目前国内最大的专业模具生产资料市场"中国塑料城"所在地宁波下辖的县级市余姚合作,县校合作共建以服务当地模具产业为主的中高职衔接的二级特色学院——宁波职业技术学院阳明学院。结合中高职衔接,构建并实践了"跨学期、递进式、全流程、轮岗法"的"三模三岗"模具专业实践教学体系,通过模具实训基地建设、典型模具综合训练以及校企专兼模具教学团队组建,全面提升模具专业学生的就业竞争力和职业发展力。该教学体系主要解决以下教学问题。

(1)解决不具备开展真实模具生产型实训的基地建设和运行管理机制条件的问题,重点解决真实模具生产型实训基地需要的模具设计与制造全流程的生产设备、工具和量具不足的问题,满足一定规模数量学生的设备台套数,满足生产所需的一定数量的耗材和资金保障,以及满足生产要求与理实一体化相结合的实训环境要求。

(2)解决可用于理实一体化教学的真实模具载体设计和资源配套问题,解决如何将源于企业实际生产的真实模具作为教学案例,综合考虑模具专业的地方特色性、技术先进性,保证生产与教学资源有效对接,实现理实一体化教学的问题。解决如何在实际生产中遵循安全、严格地操作,实现模具生产型实训的教学成本可行性、教学实施有效性、职业岗位适应性、人才培养发展性的实践教学原则的问题。

(3)解决校企合作专兼师资的组建方式与教学协作管理模式问题,解决如何按照模具设计与制造核心职业岗位配备专兼职教师、确定各自分工的问题。专业教师侧重模具设计和理论教学,企业兼职教师侧重设备操作和工艺编程,按照企业生产运作管理模式组成组织结构,形成实训基地主讲教师、岗位方向指导教师、学生班组三级师生共管的实训过程教学生产管理机制,确保学生在实训过程

中制造出合格的商品模具。

二、成果解决教学问题的方法

(1)按照"聚焦产业，县校共建，企业参与，岗班匹配"方法解决模具生产型实训基地的建设与管理。学校主动适应当地模具支柱产业高速发展和升级对技术技能人才规格的需求，政企校合作成立理事会，余姚市有关领导担任理事长，理事成员包括学校领导、中职行业协会和一批行业企业。市政府持续投入，每年补助教学经费 7 200 元/人。以企业的核心职业岗位要求作为综合实训基地建设的明确导向和重要依据，以分班、分组生产 6 副模具为教学单位，按照模具生产全流程配置 CAD/CAE/CAM 实训室、加工中心、电火花线切割设备等，保证学生在各个岗位的技能得到充分训练。

(2)构建"跨学期、递进式、全流程、轮岗法"的模具专业实践教学体系。根据学生掌握模具核心技术、复合技术需要长时间培养，并需反复训练才能实现的现实条件，按照简单、中等复杂、复杂三个层次精选典型的三套真实模具项目，形成"跨 3 个学期、递进式、全流程、3 个职业岗位轮岗"的模具综合实训教学：第三学期制作中等复杂模具项目；第四学期制作冲压冲裁落料复合模或覆盖件模具；第五学期制作侧向插芯滑块机构注塑模或压铸模具。三阶段实训各 6 周，每名学生在三副模具制作过程中将分别在模具设计、编程加工、装配试模三个核心职业岗位训练。

(3)围绕模具核心技术与复合技术教学实施校企"双师结构"课程。围绕模具结构设计、编程及加工工艺、装配试模等核心技术和材料性能使用以及成型工艺等复合技术要求，由专业教师、实训教师和企业的兼职教师组成"双师结构"的实训教学团队，借鉴企业管理模式，组建组织机构，制定教学生产管理基准，明确师生职责。企业技术人员和专业教师共同评审交流，打造师徒结对"工作交流式"的团队进行合作学习。

三、成果的创新点

(1)构建基于真实的"三模三岗"的模具专业实训教学体系。根据模具真实生产的三个核心工作岗位，选择三副典型模具项目，在工作环境中从简单到复杂完成具体的工作任务，融入职业岗位素养，训练操作的技能与技巧，培养分析问题和解决问题的能力，从而形成特定任务下的心智与行为习惯。"三模三岗"模具综合实训轮岗如表 8-1 所示，组织结构如图 8-14 所示。

表 8-1　“三模三岗”模具综合实训轮岗表

职业岗位	模具设计	编程与加工	模具装配与试模	模具项目
第三学期	首选设计同学 A	首选加工同学 B	首选装调同学 C	模具项目 1
第四学期	首选装调同学 C	首选设计同学 A	首选加工同学 B	模具项目 2
第五学期	首选加工同学 B	首选装调同学 C	首选设计同学 A	模具项目 3

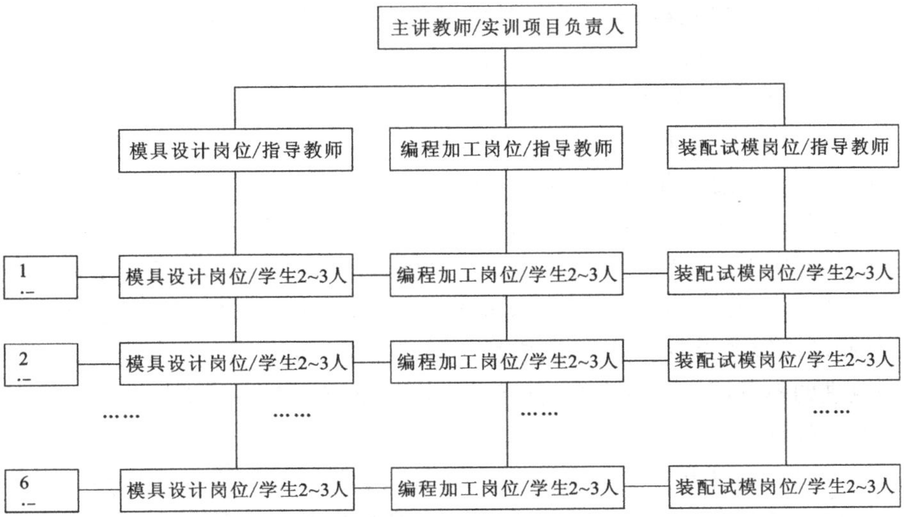

图 8-14　实训教学/生产组织结构图

(2)解决真实模具综合实训设施设备和耗材等硬件资源不足问题。设计开发可以重复利用的标准模架，获得了实用新型专利（专利号分别为：ZL201520154197.4 和 ZL201520154632.3)。在每次实训过程中，学生按照企业实际限制性条件分析设计模具，加工模具型芯、型腔、滑块等核心零部件，经检验合格后装配到专利模架，再进行装配试模。6 组各生产一副真实模具，人均耗材不超过 150 元，耗材成本下降了 44%。

(3)建立开展模具生产型实训教学的保障机制。按照企业生产运作模式设计实训教学规范，形成严密的教学生产组织，按模具设计、编程加工、装配调试三个核心职业岗位配备师资，纵向指导各小组对应工作岗位的学生，每组学生分工担任组长、安全员、设计人员、编程加工人员、装配试模人员等，确保全员训练，提升训练质量。紧贴模具技术和岗位实际工作过程，按照课程内容对接职业岗位标准，校企共编了 14 本(公开出版 9 本)理实一体项目化教材，实现教学过程与生产过程的对接。根据岗位师徒结对，在工作环节中传授工作过程知识，在模具开发设计和制造过程中培养职业实践能力和创新能力。

四、成果的推广应用效果

1. 校内应用

(1)2014—2015 年，学生在模具综合实训课程学习过程中开发塑料模具 46 副，冲压模具 10 副，压铸模具 6 副，参加学习训练学生 320 人，制作了 155 小时的“三模三岗”实训教学视频。5 年来，本校模具专业受益学生 800 名。

(2)真实模具项目综合训练的教学模式和模拟企业实际生产流程的教学方法，作为课堂教学创新项目在全校推广，直接应用于工业设计专业推广，校内外相关受益人员达 3 000 余人。

(3)模具专业毕业半年后的月收入从 2010 届的 1 850 元上升到 2014 届的 3 134 元；毕业生愿意推荐母校的人数比例从 2012 年的 63%上升到 2014 年的 83%。模具专业进入合作企业就业的 480 名学生中，已有 90 余名成为技术骨干。毕业生专业对口率从 2011 年的 77.71%上升到 2013 年的 87.92%，高于全省 31%。

(4)2011—2013 年，学生在真实模具综合实训期间，为宁波富佳实业有限公司、余姚鸿凌园艺设备有限公司、宁波市鄞州瑞时工贸有限公司等企业开发的模具和改进的模具用于批量生产，直接经济效益(利润)达 300 多万元。

2. 校外推广应用

(1)2013 年，中国模具工业协会在全国职业院校模具专业联席会议年会上推介该模式，2015 年该模式被该协会列入“高职模具专业创新发展方案的建设与推广计划”。

(2)培训来自全国 20 个省市 40 所高职院校和本科院校共 200 多位机械模具类专业骨干教师，院校中有国家示范高职院校 10 所、国家骨干院校 11 所。

(3)在 2013 年全国机械职业教育模具类专业指导委员会、2015 年浙江省模具专业中高职衔接研讨会、2015 年浙江模协模具设计师国家职业标准修订会以及全国模具技能大赛等全国、全省交流会上介绍了该教学成果。

(4)2015 年，宁波工程学院材料成型及控制工程专业“卓越工程师班”大四学生来我校进行为期 6 周的真实模具综合实训，并将长期合作。

3. 标志性成果

(1)学生在 2011—2013 年连续三年获得全国职业院校模具技能大赛一等奖，2014 年获得全国职业院校技能大赛一等奖。模具专业近三年在国家、省级以上学生技能竞赛中获奖 22 项，名列全国前茅。

(2)2013 年《模具 CAD/CAM 技术应用》成为国家级精品资源共享课，《压铸模具设计与制造》成为国家模具专业资源库核心课程之一。

(3)2011—2015 年，模具专业师生获得实用新型专利 32 项。

第九章　监控机制建设:“阳明模式”培养质量保障体系之三

高职院校教育质量监控和评价事关职业教育发展方向,有什么样的评价指挥棒,就有什么样的办学导向。中共中央、国务院印发的《深化新时代教育评价改革总体方案》中明确提出“推进高校分类评价,引导不同类型高校科学定位”“探索建立应用型本科评价标准,突出培养相应专业能力和实践应用能力”。方案的发布为深化新时代高职教育改革指明了方向,确立了高素质技能型人才培育的评价标准。教育评价问题不仅仅是教育发展的问题,还涉及社会的方方面面。高职教育评价体系更是新生事物,涉及不同领域、不同主体、不同对象,实践操作难度很大,必须久久为功。阳明学院积十余年探索之功,在监控和评价机制建设上,主要在全员、全面、全程上发力,初见“阳明模式”之成效。

第一节　教育质量监控与评价概述

一、教育质量与教学质量

教育质量是对教育水平高低和效果优劣的评价,最终体现在培养对象的质量上,其衡量标准是教育目的和各级各类学校的培养目标。前者规定受培养者的一般质量要求,亦是教育的根本质量要求,后者规定受培养者的具体质量要求,是衡量人才是否合格的质量规格。教育质量有宏观与微观之分。从宏观层面看,教育质量即整个教育体系的质量,也可称为体系质量。所谓体系质量实质上是指其与系统规模、结构和效益等之间的协调问题,也就是说,它以系统内部各要素之间是否协调一致为标准。什么时候系统各要素之间协调一致,什么时候就表现出较高的体系质量。微观教育质量体现在培养对象的质量上,是指教育水平高低和效果优劣的程度。对现行高职院校教育质量而言,一般都是指微观教育质量,也称教学质量。教学质量监控是通过一定的组织机构,按照一定的程序,进行积极认真的规划、检查、评价、反馈和调节,以确保学校的教学工作按计划进行,并达到学校教学质量目标的过程。

高职院校教学质量关系到学校的生存和发展。对教学质量实施监控，是学校进行教学质量管理的重要手段，对提高教学质量具有重要意义。教学质量的监控，就是对影响教学质量的相关因素进行观察和控制。对教学观察获得的情况，通过分析判断，采取有效的干预措施，使教学工作更加完善，从而达到提高教学质量的目的。教学质量监控包括教学管理、教学过程和教学对象等方面的内容。教学管理方面的监控内容，体现了学校对教学质量的要求与标准。在落实教学质量要求和完善教学质量标准方面进行监控，这是提高教学质量的重要前提。教学过程方面的监控内容，反映了教师教学工作中的主观能动性，体现了教学质量的主导方面，这是提高教学质量的关键所在。教学对象方面的监控内容，反映了学生学习的主观努力和客观环境，体现了教学质量的主体方面，这是提高教学质量的重要保证。

二、教学质量的监控

教学质量监控的实施要注意以下五点。

1. 实施教学质量监控，必须有科学的思想、观点、方法作指导

实施教学质量监控必须有正确的指导思想。学校可以通过教师继续教育、校本培训、政治学习、教研活动等方式，加强教师的思想政治素质教育，提高教师现代教育理论水平和现代教育技术水平，懂得由此及彼、由表及里地观察分析事物，学会运用全面、发展的观点，指导教学质量的监控工作。

2. 实施教学质量监控，必须建立完整的监控系统

为了保障和提高教师每一节课的教学质量，学校安排各年级集体备课、学科教研活动和教师继续教育等活动，并建立相应课堂教学的常规要求、教师岗位职责、教师聘用制度、教师考核制度、教学专用场室管理制度、学生学籍管理制度等规章制度，以保证学校课程计划的实施。实施教学质量监控，必须对学校课程计划实施过程的相关因素进行系统监控，及时发现该系统存在的问题，采取适当措施，调整系统结构，改善系统功能，使教学质量监控系统及时得到完善，以发挥更大的效用。

3. 实施教学质量监控，必须运用现代信息技术处理教学质量监控的数据

在教学质量监控的过程中会产生大量的数据，这包括学生学习前的准备情况；学生学习过程中各次作业、单元测试、期中测试、期末考试、证书考级、技能考核等情况；学科、班级以及每个学生的平均分、合格率、标准分、标准差、水平接近度等数据。及时掌握、跟踪和处理相关数据，是学校和教师进行教学质量监控的必要前提。高职院校建立校园网，配置教师办公用计算机、打印机、复印机等现代教育装备，对教师进行继续教育校本培训，帮助教师掌握现代教育信息技术，

运用计算机网络和计算机软件对教学质量监控过程中产生的大量数据进行信息化处理，从而使学校、教师、学生及时获取教学过程中的各种反馈信息，大大提高教学质量监控的时效性。

4. 实施教学质量监控，必须落实学校层级管理

学校层级管理，是学校各级常设职能部门的岗位责任管理。在学校常规岗位设置中，校级有主持全面工作的校长和分管教学、教研、教务、德育、总务、党务、群团工作的副校长；中层有教导处主任和分管教学、教研、教务的副主任；基层设有科级组长、班主任、科任教师、备课组长等岗位。应当明确而且必须强调的是，尽管学校各个岗位分别有不同的岗位职责，但教学是学校的中心工作，除了直接从事教学工作的教师和教学管理人员负有教学质量监控的责任以外，学校其他岗位的行政管理人员和教辅人员，同样负有支持、配合教学质量监控工作的责任，从而使学校所有人员在不同的层级、不同的岗位上共同发挥教学质量监控的职能。

5. 实施教学质量监控，相关措施必须适应教学对象的认知水平

教学对象的认知水平，包括学生接受新知识的知识准备水平和接受教师教学管理的自觉水平。在教学双方关系中，教师是主导，学生是主体，教师对教学过程的干预调控措施，必须通过学生认知的内化，才能达到教师对教学过程干预调控的预期目的，收到提高教学质量的效果。因此，教师必须要了解学生，才能分析和掌握学生可控与不可控的方面，平时就应当注意创设调控的条件，在实施教学质量监控的时候才能适时提出适当的要求，采取适当的办法，改善学生的学习态度、学习方法、学习习惯、学习心理以及学习环境，从而使教学质量可调可控，向着教师期待的方向发展。

三、教学质量的评价

教学质量评价是对教师学术业务水平、教学方法、教学态度等进行评价。教学质量，与诸多因素密切相关，如前期各课程的教学质量、本门课程各个教学环节的互相配合、教师的教学效果、学生的素质及学习态度等。教师的教学效果是直接影响教学质量的重要因素。教师的教学效果，可以从以下三个方面选择合理的考核指标。

1. 教师的学术业务水平

如对教材内容的熟悉程度，对重点、难点掌握的准确程度，组织课堂讨论、选用编写教材、选用习题及试题的水平等方面。

2. 教师的教学方法

如突出重点、分散难点的讲授方法是否恰当，是否结合学生实际，是否达到教学大纲要求及能否妥善组织各个教学环节承前启后，启发式教学方式是否运

用得当，表达与板书是否清楚有条理等。

3. 教师的教学态度

如是否认真备课，是否执行教学计划，能否不断改进教学、更新教学内容，是否既教书又育人等。

教育是国之大计、党之大计。把教育评价改革这样一项世界性、历史性、实践性难题破解好，必须加强党对教育工作的全面领导，不断提高各级党委和政府科学履行职责的水平。按照改革方案，到 2035 年，我国基本形成富有时代特征、彰显中国特色、体现世界水平的教育评价体系，这必将为加快推进教育现代化，为建成教育强国打下坚实的基础。

当前，我国教育改革正在围绕教育发展的重大问题和群众关心的热点问题向深推进，教育评价改革正是其中重要的一环。教育评价“评什么”，在一定程度上决定了老师“教什么”、学生“学什么”、社会“用什么”。教育评价改革总体方案针对学校评价，提出坚持把立德树人成效作为根本标准；针对教师评价，提出把认真履行教育教学职责作为评价教师的基本要求；针对学生评价，提出促进德智体美劳全面发展；同时还明确了用人评价，建立以品德和能力为导向、以岗位需求为目标的人才使用机制，共同营造教育发展的良好环境。建立完善多维度的综合评价体系，努力实现教育评价的科学化、制度化、规范化，才能让教育评价的指挥棒树得稳、用得好，保证教育的正确发展方向。

2021 年 6 月，全国信息产业新技术职业技能竞赛执委会专家组到阳明学院考察决赛承办场地，如图 9-1 所示。

图 9-1　专家考察阳明学院

第二节　培养质量全员监控与评价

高职院校宏观教育质量和微观教学质量归结为高职人才的培养质量，这是一个系统工程,其质量监控和评价首先要建立与实施全员化监控评价。坚决破除评价考核与结果应用“两张皮”现象,构建政府、学校、社会等多元参与的高素质技能型培养闭环监控评价体系。

1. 以强化政策、资金和用人支持为中心,构建院校评价体系

高职院校主办主管各级党委和政府要加强组织领导,各级教育行政主管部门要加强统筹协调,从技能型社会建设依托职业教育的高度着眼,从制约高职人才培养的瓶颈突破入手,坚决纠正多头评价、重复评价和片面评价等错误,努力构建政府、学校、社会等多元参与,全方位、多维度的教育培养闭环评价体系。要坚决扭转“唯名校”“唯学历”“唯称号”的育人用人导向,充分发挥评价的指挥棒作用,进一步完善评价结果运用场景,可以将评价结果与财政经费投入、绩效分配、合格评估、招生指标、专业认证申请等挂钩,综合发挥评价结果的调控和导向作用。同时,也要坚决摒弃一些错误做法,不要把人才称号和数量作为高职院校承担科研项目、职称评定、人事聘任、评优评奖申报的限制性条件;不要将学科科研平台数量、论文数量与高职院校工程项目、经费分配、评优评先等挂钩;不要将毕业院校、国(境)外学习经历、学习方式作为用人选人的限制性条件;不要通过任何形式以合格率、毕业率、就业率为标准奖励教师和学生;不要将论文数、项目数、课题经费等科研量化指标与绩效工资分配、奖励挂钩等。

2. 以优化教师的能力素质结构为中心,构建教师评价体系

教师是立教之本、育人之源,要紧扣人民教师的行为规则和职业教育的师资特质,从师德师风、专业能力、课堂教学、实践技能、服务能力等维度切入,划分教学型、教学科研型、科研型、社会服务型等不同类型和新进教师、青年骨干教师、专家型教师等不同层级,建立健全全方位、全要素的教师职业能力评价体系。严把“育人第一关”,将立德树人作为教师的第一职责,强化师德考评,积极树立师德楷模,把师德表现作为教师选聘、考核、晋升、评优的首要标准,对师德失范行为实行“一票否决”。守住教学“主阵地”,把教育教学实绩作为评价教师的基本要求,将教学效果作为教师教学质量的最终体现,从督导评价、管理评价、同行评价、教师自评、学生评教、学生成绩等方面进行全方位评价,并对在专业建设、课程建设、教学改革研究等方面取得显著业绩的教师给予考核激励。突出服务“贡献度”,本着注重能力、突出业绩的科技评价导向,重点评价教师的应用性研究成果及其转化和推广,以及他们在社会培训、科学普及、试验技能等技术服务方面的贡献,建立有利于各类专业人才脱颖而出的评价机制。

3. 以注重学生可持续职业发展为中心,构建学生评价体系

以学生为本,是教育的价值本质。高职院校要精准锚定高素质技术技能人才的培养目标,培养德智体美劳全面发展的社会主义建设者和接班人。综合素

质评价“全维度”，坚持全面发展，实施“五育”并举，实施学生综合素质的过程性测评，对学生德、智、体、美、劳各方面表现进行量化评价，反思阶段性成长历程，促进学生全面发展和健康成长成才。如德育素质主要考察学生的政治素质、品德修养和职业素养，评价学生在爱国情怀、理想信念、道德情操、心理素质、遵纪守法、工匠精神等方面的表现作为。职业发展评价“全周期”，本着“职前职后”一体化的人才培养特色，从就业相关度、薪酬水平、创新创业、岗位变迁等多重维度，强化对毕业生入职后发展的跟踪评价。一方面，以此为依据加大对毕业生的职业培训和继续教育服务力度，另一方面，把评价结果反馈到人才培养过程中，持续、动态地优化人才培养过程，形成人才培养改革创新的良性机制。

第三节　培养质量全面监控与评价

高职人才培养质量监控与评价的全面性，就是要坚持定性和定量、局部和整体、个性和共性相结合的评价原则，坚决破除评价模式和评价工具的简单化、模式化和僵硬化。

近年来，我国教育管理信息化取得了较大发展，建立了阳光高考信息平台、学籍学历信息管理平台、高等教育质量监测国家数据平台等一大批高质量的教育信息管理平台，在推动高等教育公平公正、促进高等教育治理体系和治理能力现代化方面发挥了重要的作用。由于我国教育管理信息化发展的不平衡、不充分问题依然存在，一方面，信息化平台泛滥的现象不同程度地存在。另一方面，信息化平台的使用过程中出现了评价模式的简单化、模式化和僵硬化等现象，违背了科学评价的基本原则。人才培养是一个系统工程，仅仅通过某个阶段或某个时间点的少量数据、少量个体和少量方面等进行评价难免是不客观和不公正的。科学有效的评价体系必须坚持定性和定量、局部和整体、个性和共性相结合的原则，必须有学生、家长、教师以及社会等多方参与，不断与时俱进、推陈出新，也必须充分利用人工智能、大数据等信息化手段，不断完善数据平台，不断创新评价工具。

1. 以职业教育的社会价值为根本出发点，构建学校评价体系

职业教育的类型地位需要由教育质量来保障，构建卓越的质量体系是新时代职业教育高质量发展的必然要求。树立正确的评价理念，将服务人的全面发展、服务经济社会发展作为职业教育质量评价的根本出发点，以高站位的评价观引领、树立科学的质量观，与社会对职业教育的价值期盼和质量期待形成同频共振。创立社会所需的评价指标，以学生、家长、社会的满意度作为教育评价的核心指标，以学校对地方的贡献度作为办学质量的关键指标。尤其是把握好职业

院校与经济社会发展的协同共生关系,在新发展理念的指引下,将科技创新全面纳入职业院校评价范畴,畅通职业院校对接区域重大科创平台、融入区域创新驱动发展的办学机制,发挥职业教育在科技创新、技术研发、产教融合等领域的积极作用。建立“归正”的评价机制,运用行业企业和社会评价手段,“督、评、诊、改”相结合,以刚性的评价机制推动建立产教全面融合、校企全力协同的质量管理体系,形成以质量为导向的职业院校办学治理新格局。

2.以产教融合的专业治理,构建专业评价体系

专业是职业教育人才培养的基本单位,是职业教育对接产业链的基本载体,通过专业评价来优化产教融合的专业治理是职业院校治理的重要基础。专业设置实行“红线评价”,本着适应需求,从适应产业发展、技术变革、学习者需求等方面评价专业设置的合理性、必要性和科学性;本着条件充分,从师资、实训条件、校企合作、质量保证等方面评价专业办学所需条件,确保专业人才培养质量的达标度;本着体现差异,对专业定位、课程体系、培养方式等进行综合评价,促进不同层次的职业教育专业、普通本科专业等专业之间形成鲜明的差异性。专业发展探索“增值评价”,从专业的可持续发展能力角度扩大评价面、延长评价线、深化评价点,以产业视角的增值评价来推动专业发展。既要立足专业发展的阶段性,实施分层分类的专业发展评价,培育建设优势与品牌专业、推动建设一般专业;也要立足专业发展的改革点,通过评价社会生源人才培养、“1+X”证书制度试点等新型职业教育人才培养改革的经验、成果和成效,激活专业办学的创新发展潜能,推动专业建设不断改革创新。

3.进行全方位、系统性改革

要坚决克服“唯学历”倾向,坚持问题导向和需求导向,针对培养质量监控的突出问题和社会现实需求,引导高职院校从治理结构、专业体系、课程内容、教学方式、师资结构等方面进行全方位、系统性的改革。针对学校评价,要坚决破除重规模轻内涵、重知识轻应用等倾向,树立坚持扎根地方、服务行业、崇尚应用的办学导向,突出企业工程师为学生上课、“双师型”教师占比、应用型课程、应用型专业、来自企业的教研论文(毕业设计)、产教融合项目(平台)、应用性研究和成果、毕业生地方就业占比等;针对教师评价,要坚决破除重学历轻能力、重科研轻教学、重校内轻校外等现象,树立潜心教学、服务地方、全心育人的评价导向,突出师德师风、课程思政、教学实践、应用研究、成果转化、社会服务、学生指导等;针对学生评价,要坚决改变用分数给学生贴标签的做法,创新德智体美劳过程性评价,突出学术诚信、学习过程、知识应用、综合素养、社会实践等。

第四节　培养质量全程监控与评价

一、监控与评价的不同阶段

高职人才培养质量全程监控与评价包含以下几个阶段。

1. 以学生为本的理念贯穿始终

高职教学专业认证中的以学生为本的理念主要围绕学生"学什么、怎么学和学得怎么样",以学生成长、成才和全面发展为目标,遵循各类人才成长成才规律,以学生发展为中心配置教育资源、组织课程实施教学。以学生为中心不是教师围着学生转,也不是教师与学生角色、身份、地位的高低,而是指教学理念、管理理念、服务理念、教学方法和评价手段等的转变。在高等职业教育界应达成这样的基本共识:所有教育教学都应当关心学生发展、学生学习和学习成果,因此在设计教育教学计划时,应当明确标示出预期的学习成果,以及将通过何种方式实现教学目标,并用什么方法来评价学生的学习成果,需把教育目标和学生学习效果有效联系起来,避免目标与效果的脱节现象。需要在总体设计中充分贯彻和体现以学生为本的理念,引领和带动决策层领导、中层干部、教师和学生转变观念,扭转"以管代治"思想,引导和促进学生深度学习,使制度规划、设计、实施与运行始终不偏离学生发展的方向。

2. 以成果考核的导向贯穿始终

成果导向教育是对资源和系统的调整,使之清晰聚焦于促使学生在未来生活中获得成功的实质性经验。成果导向理念在高职院校职业教育实施中,可采用反向设计原则,与传统的正向设计相反,它将学生的需求既当作起点也作为终点,实现教育目标与结果的一致性。各类教育专业成果考核认证,要以评价和衡量学生的学习效果、毕业要求的实现为依据,以人才培养目标适应性和课程设置合理性评价为检验标准,要更加注重结果的实现。教学质量监控体系作为保障教学质量的重要措施,应将体系建设的核心落实在各类教学质量的评价上,使评价目标、评价标准、评价流程始终围绕成果导向,同时,在学校内部相关质控体系制度建设和实施方面要精心筹划,让成果导向理念真正落到实处并贯彻始终。

3. 以持续改进的精神贯穿始终

高职教育专业考评体系的持续改进包含三层意思。一是建立三种机制(即过程监控机制、跟踪反馈机制和第三方评价机制);二是定期实施达标进度评价(包括培养目标和毕业要求达成度评价);三是评价结果的利用。也就是说,要求高职院校建立并实施教学质量监控评价的动态路线图,同时要充分利用评价结果不断改进,提升市场导向的就业教育品质,提升各类专业就业竞争力。因此,在培养质量监控与评价全过程中,持续改进的精神应成为保障教育教学质量的动力和源泉,这种精神不仅是在部分监控过程和环节上的重复,更重要的是体系中各层次、全过程、全环节重复后的质量改进与提升。

二、“阳明模式”的监控与评价特色

阳明学院在建立完善培养质量保障体系中,充分认识到监控与评价机制实践经验的指导价值,并吸收运用到实际教学工作中,十年磨剑,成效屡见。

1. 成果评价从注重数量转向突出质量

教学评价的目的不在于结果和管理,而在于提升和改进。阳明学院秉持“多元·协同·赋能”的科学评价理念,突出结果评价的服务性、精准性和可见性,让评价结果真正能够用于教学改进。其中,服务性是自主研发“教师授课质量评价管理系统”,通过系统汇集、统计、分析“同行—学生—督导”三方评教结果,为教师开展自评、改进教学提供数据支撑服务。精准性是加强学生评教指导,详细讲解评教流程和标准,设置学生“诚信评教承诺”提醒项,增加学生评教结果偏离历史平均值±10%的查询预警项,引导学生“诚信评教”“精准评教”,保证教学评价数据采集的客观性、准确性、可信度。可见性是指将同行、督导评课的具体评价、集体讨论评分评语都安排专人录入系统,教师可以随时登录系统查看“同行—学生—督导”评价结果、质量轨迹及评价建议,作为其自评与改进教学的重要参考。

2. 过程评价从简单反馈转向多重落实

过程评价强调评价的转化,关注教师的成长过程,把评价结果第一时间反馈给教师,其目的是通过评价控制教学过程,达到改进课堂教学、促进教师成长的效果。阳明学院形成了常态化的同行评课、督导评课,特别是突出督导听课的过程评价,安排督导重点对学生评价 80 分以下的教师集体听课,剖析授课问题的关键,充分沟通后形成改进建议。学校还专门成立教学督导室,收集和筛选学生、教师、企业座谈会等不同反馈途径的评价信息,采用反馈单、监控月报、数据发布等形式面向全校教师、各职能处室、各专业班组进行反馈。同时,学校督导还对这些反馈信息进行过滤、加工、分析,从教师授课提升、部门工作整改、管理制度完善等方面督促改进,切实将教学评价的反馈改进作用落到实处,帮助教师提升课堂教学能力、改进课堂效果、打造优质课堂。

3. 增值评价从普遍性转向个性化

增值评价不强调结果,而注重成长和进步的增量,是对教育评价本质属性的回归。阳明学院开展了“温室计划”的增值评价探索,对新开课“幼苗”教师以及学生评价 80 分以下的“枯枝”教师进行一对一的个性化指导,由学校督导给参与老师“开小灶”，制订改进计划、转变教学观念、改变教学方法，帮助他们提升课堂教学的水平。

4.综合评价从单一化转向多元化

传统教学评价，在评价主体上，往往以学生、同行评价为主，缺乏企业督导和教师自评维度；在评价标准上，以组织者意志为核心，对不同主体评教的认知需求考虑不足，容易造成评价片面化。阳明学院健全综合评价体系，强调评价标准和评价主体的多元性，围绕课程类型差异和“学生—督导—同行—教师”认知需求，制定了“四位一体”融合企业深度参与的课堂教学评价标准。通过共同听课评课，企业督导引导教师弄通职业岗位的“能力链”、搭建职业能力的“课程链”、打造核心课程的“项目链”，实现课堂教学的校企融合，让“活页”的教材连起来，让教材的“活页”新起来。

第十章 “阳明模式”的十余年成果与发展前瞻

2021 年 4 月，全国职业教育大会召开和党中央发出职业教育“前途广阔，大有可为”的号召，使以中高职教育为主体的职业教育事业，进入了前所未有的发展黄金期。服务经济社会高质量发展，是职业教育的历史使命。通过新时代高职教育助力中国制造、打造技能型社会建设，进入新发展阶段，提升新发展理念，构建新发展格局，是新时代审视和重构的高职教育发展质量观。宁波职业技术学院阳明学院一如既往地践行提质培优的教育职责，立足改革开放的余姚大地，弘扬阳明先生的教育思想，以增强适应性为主线，以深化改革创新为动能，以提升职教质量为目标，开创现代高职教育新局面，探索“阳明模式”新特色。

第一节 构筑高职教育高质量发展观

2021 年 6 月，全国人大常委会审议《职业教育法(修正案)》，该法律修正案明确规定“职业教育与普通教育处于同等重要地位”，提升了各级各类职业教育的新站位，打通了高素质技能型人才培养的瓶颈，将有助于高质量地建设技能型社会。结合阳明学院的成功实践，要提高新时代高职教育的站位，构筑高职教育高质量发展观，最根本的是要牢牢地把握住职业教育发展与经济社会发展的适应性。

一、实现高职教育高质量源自增强职业教育适应性

《中华人民共和国国民经济和社会发展第十四个五年规划和 2035 年远景目标纲要(草案)》明确提出建设高质量教育体系，对增强职业技术教育适应性作出战略部署，这已成为职业教育改革创新发展的方向，也是构筑高职教育质量观的基石。增强职业教育适应性，是当前和今后一段时间职业教育高质量发展的重要走向。在推进职业教育改革发展中，应始终坚持遵循教育规律和凸显类型特征的辩证统一，始终坚持服务经济社会发展需求和满足人民群众对更好教育的期盼，始终坚持提升技术技能人才培养质量和促进人的全面发展的深度融合，持续增强职业教育体系与结构适应性、制度与标准适应性、内容与方法适应性、教师与教学适应性、治理体系与治理能力适应性，让职业教育在提质培优的道路上

行稳致远。

增强适应性是职业教育提质增效的内在要求。对阳明学院职业教育来说，增强适应性具有深厚的历史土壤。余姚作为宁波高等职业教育在县域落户的首创地，成为现代职业教育基层区域化的试验区之一，此地诞生过王阳明、黄宗羲、杨贤江等一批思想家和教育家。近年来产生了天邦、大丰、舜宇等一大批实力雄厚的企业集团。尊师重教的文化根基和企业发展的技能需求，为职业教育提供了广阔的天地。一方面，政府和企业都认识到，教育不与职业沟通，百业难以持续进步，教育要与现代经济发展需求同频共振、同向同行。另一方面，对职业教育来说，增强适应性又是补短板、锻长板的内在需求。职业教育只有同经济社会产教融合，才能达到课程优化的类型教育、工学结合的技能教育、市场导向的就业教育的终端目标。

二、增强高职教育适应性重在培养职业能力多元化

高职教育高质量发展观，从增强适应性出发，在提升多能力立足方面，应具备以下六个方面的内容。

1. 增强结构适应性，提升现代职教体系一体化发展能力

建立专科高职教育、本科职业教育、专业学位研究生教育一体化的现代高等职业教育体系，形成体系内层次贯通、一体发展的合力，打通技术技能人才成长的上升通道，在体系结构上适应产业升级带来的人才结构性调整需求。一是持续强化中等职业教育的基础地位，推进高等职业教育高质量发展，扩大本科职业教育试点的范围与规模，促进本科高校向应用型转变。二是探索创新中高职衔接、中本衔接、高本衔接机制，对应用型本科高校和专业进行单独评价、分类评价。三是彰显职业教育类型特色，以科技应用与研发能力培养为主线，大力发展职业教育本科与专业学位研究生层次的专业，支持职业教育本科、应用型本科高校与产教融合型企业联合培养行业所需的专业硕士学位人才。四是推进职普融通，完善职业教育与普通教育双向互通机制，形成纵向贯通、横向融通的教育生态。

2. 增强发展质量适应性，提升示范引领能力

阳明学院着眼于树标杆、做示范，努力出方法、出制度、出标准，为全省全国职业教育发展探路。一是以领军院校建设为牵引，持续打造发展标杆，建成扎根宁波、引领全省，乃至全国一流水平的高职院校。继续实施高等职业教育“卓越计划”，落实“双高计划”建设任务，为全省乃至全国职业院校提供可借鉴、可复制、可推广的经验。二是以专科晋级本科分类管理为抓手，打造高水平本科职业教育。依托国家支持具备条件的高等职业院校开展本科层次职业教育试点的政

策，建设高水平高质量的本科职业学校，推动建设一批特色鲜明、示范引领的高水平应用型本科专业。

3. 增强培养模式适应性，提升高质量人才培养能力

阳明学院始终牢记为党育人、为国育才的历史使命，回答好“培养什么人、怎样培养人、为谁培养人”的根本问题。一是以深化“五育并举”为抓手落实立德树人的根本任务。倡导德技并修理念，推动思政课程和课程思政协同育人，将职业技能培养与职业精神培养融合渗透教育教学的各个环节，熔铸敬业乐群品质、锻造工匠精神，引导学生“干一行、爱一行、精一行”。深入开展劳动教育和体育教育，引导学生树立劳动意识、练就强健体魄、增强社会责任感。二是以深化“三教改革”为核心推进培养质量提升。聚焦教师“双师”能力提升，重塑教学理念、重构综合素质、重建能力结构。适应生源多样化特点，深化课程、教材、教法改革，完善课程体系与课程标准，创新教材内容体系、呈现方式；构建校企协同开发课程、教材、教学模式与学习资源的激励机制，推进新型活页式、工作手册式教材开发，及时将新技术、新工艺、新方法等纳入教学内容；聚焦理念更新和模式变革，推动职业院校“课堂革命”。

4. 增强社会服务适应性，提升融合发展能力

阳明学院紧紧围绕制造强市强省建设需求，紧跟经济、科技和产业发展的新趋势，坚定不移地走产教融合之路，在规模、结构、模式、服务等方面与经济社会发展要求协调互动。一是对接产业需求优化整体布局。把职业教育院校和专业布局摆进国家重大战略布局、浙江制造强省产业布局和宁波、余姚区域发展布局的大格局中进行谋划，深化职业教育与产业转型升级、新旧动能转换的对接，与先进制造业集群、战略性新兴产业的对接，与区域一体化、产业园区的对接，提升院校和专业布局的匹配度。二是持续深化产教融合办学。推进产教融合型城市和产教融合型企业建设，打造一批高水平产教融合实训基地和集成平台，对接高端产业，以技术为纽带建立校企命运共同体，提升技术服务能力，充分发挥学校企业行业在职业教育办学中的主体作用。统筹“1＋X”证书试点建设，探索中国特色现代学徒制，推进书证融通、育训一体。三是深化职业教育和终身教育融合发展。以优质职业教育支撑终身学习体系，强化职业院校培训职能，服务在职人员或灵活就业人员履职、转岗、转业等能力提升。以“学分银行”促进学习成果积累，建立完备的培训成果学分认证、学分积累转换和激励制度，推进各类教育互联互通、共建共享。

5. 增强国际合作交流适应性，提升对外开放能力

阳明学院与企业“携手出海”，服务中国产品走向国际市场。一是主动对接服务浙江、服务宁波的重大国际工程。“十四五”期间，浙江正建设共同富裕示范

区、现代化建设先行区，在数字化、智能化建设等领域拥有大批示范项目，不仅与全国各地合作，还深化与"一带一路"沿线和周边国家与地区的国际合作。将主动对接宁波（余姚）职业教育，与地方政府和行业企业联手，为浙江重大国际工程培养国际化技术技能人才、提供跨境技术服务。二是搭建职业教育国际合作交流平台。整合省内优质教育资源，积极参与组织与承办国际性职业教育活动，为国际职业教育领域搭建相互尊重、平等协商的交流合作平台。积极参与省内市内组团出国出境职业教育访学访问，满足高职人才更高层次的需求。

6.增强职业教育制度适应性，提升职业教育治理能力

阳明学院深化职业教育治理改革，引领高质量发展。一是深化办学体制机制改革。大力争取落实地方政府发展职业教育的主体责任，推动制定落实各级政府有关职业教育校企合作的政策措施。深化"放管服"改革，在管理体制、专业设置、职称评定、人事聘任、校企合作等方面，赋予职业院校更多自主权。充分依托各职业教育行业协会的桥梁与纽带作用，加强行业指导、评价和服务，在行业人才需求预测、专业预警、研究支撑、行业评价等方面充分发挥作用。二是加快职业教育标准化建设。将标准化建设作为推动职业教育发展的重要突破口，建立健全学校设置、师资队伍、教学教材、实习实训、信息化建设等办学标准和教学标准，构建起完善的职业教育标准体系，引领职业教育高质量发展。三是切实深化职业教育评价改革，构建新时代职业教育评价体系。把立德树人成效作为评价职业院校的根本标准，完善学院各层次、各类型专业的评价指标体系和考核机制，实施分类评价，鼓励特色发展。深化职业教育教师评价制度改革，坚持以能力、质量、贡献评价人才。构建科学切实的学生评价制度，强化综合评价，促进学生德智体美劳全面发展。

第二节　模具工匠引领示范

阳明学院创办伊始，在余姚市委市政府和宁波职业技术学院的正确领导和大力支持下，立志打造争当浙江重要窗口建设"模范生"的职业教育新高地。十余年来，阳明学院职业教育始终坚持以服务为宗旨，以发展质量高、贡献度高、认可度高为目标，不断调整优化结构布局，着力深化产教融合，持续提升发展质量，主要质量指标继续位居同等院校前列，优质专业模具设计与制造在全国领先，在全国职业院校技能大赛上屡创佳绩。以阳明学院优质专业模具设计与制造为代表，引领培育新时代工匠和现代工匠精神。

1.助力浙江（宁波）制造品牌

技术工人队伍是支撑中国制造、中国创造的重要基础，对推动经济高质量发

展具有重要作用。在浙江省从制造大省迈向制造强省、从产业链低端迈向中高端的进程中，包括宁波职业技术学院阳明学院在内的职业教育力量为制造强省建设提供了有力的技术技能人才和社会服务支撑。

一是职业教育与宁波制造布局适配度持续提升。坚持职业教育整体发展布局统筹，依据宁波(余姚)经济发展融入长三角城市群、杭州湾经济带、生态经济区、宁波舟山港主体功能区部署，优化职业专业布局。

二是支撑浙江制造向技术密集型产业升级。宁波着力打造现代产业体系，推动制造业高质量发展。据《中国城市年鉴》，2021 年宁波市规模以上工业实现增加值 4 865 亿元，比上年增长 11.9%；规模以上工业企业实现销售产值 21 727.3 亿元，增长 21.6%；规模以上工业企业实现利润总额 1 724.1 亿元，增长 10.2%。宁波职业教育围绕全市产业从劳动密集型向技术密集型转型所带来的一线人才结构性调整需求，以持续完善现代职业教育体系为抓手，以人才培养提质升级为主线，深化供给侧改革，将家国情怀、工匠精神、质量意识和数字素养融入人才培养全过程，为高端产业研发、产业转型升级、新旧动能转换提供了数量庞大的“大国工匠”“技术能手”和产业工人，起到了人力资源支撑的作用。截至 2023 年年底，仅阳明学院培养培训专业技术人才总量就达到 2 170 人。

2021 年 7 月在余姚召开的第七届中国机器人暨智能经济人才峰会如图 10-1 所示。

图 10-1 第七届中国机器人暨智能经济人才峰会

三是助力宁波中小制造企业核心竞争力提升。浙江是民营经济大省、强省，中小企业在浙江及宁波经济发展中具有举足轻重的地位，民营中小企业不仅是就业岗位、产业结构升级的贡献者，更是技术创新与研发的重要力量。2022 年宁波市全年净增高新技术企业 817 家，有效高新技术企业数达 3 919 家，新认定的市级科技型中小企业 3 832 家，已成为全市经济发展一支新的主力军。宁波职业教育围绕新材料、新医药、新能源、软件、节能环保、高端装备等战略性新兴产业的发展和区域中小制造企业技术升级需求，积极服务企业技术革新，推进科技成果转化，技术服务的质量、效益、认可度不断攀升。

2.扩大中等收入群体规模

人民群众期盼有更好的教育、更稳定的工作、更满意的收入、更可靠的社会保障、更高水平的医疗卫生服务、更舒适的居住条件、更优美的环境、更丰富的精神文化生活。为人民群众提供高质量的职业教育和职业培训，使其获得一份稳定的工作，提高收入水平，扩大中等收入群体规模，是职业教育肩负的重要使命。

一是聚力提升学生综合职业素养和就业质量。宁波(余姚)职业教育坚持把促进充分就业、提升就业质量作为办学的主要发力点，着重培养学生的职业技能、就业创业能力和岗位适应与晋升能力，促进学生高质量就业。近年来，阳明学院毕业生就业率稳定在95%以上。“十三五”末的2020年，宁波居民人均可支配收入达59 952元，比2015年增加两倍，大部分为工资性收入增长，职业教育为此作出了重要贡献。部分优秀毕业生就业情况介绍如图10-2和图10-3所示。

二是聚力提升重点人群岗位职业能力。在进行全日制职业教育的同时，职业教育面向退役军人、失业人员、农民工和新型职业农民等群体，实施高职大规模职业技能培训，促使其就业能力、就业质量、工作能力和薪资待遇逐步提升。“职教一人，就业一人，脱贫一家”成为提高低收入群体薪资、扩大中等收入群体规模、阻断贫困的重要渠道。

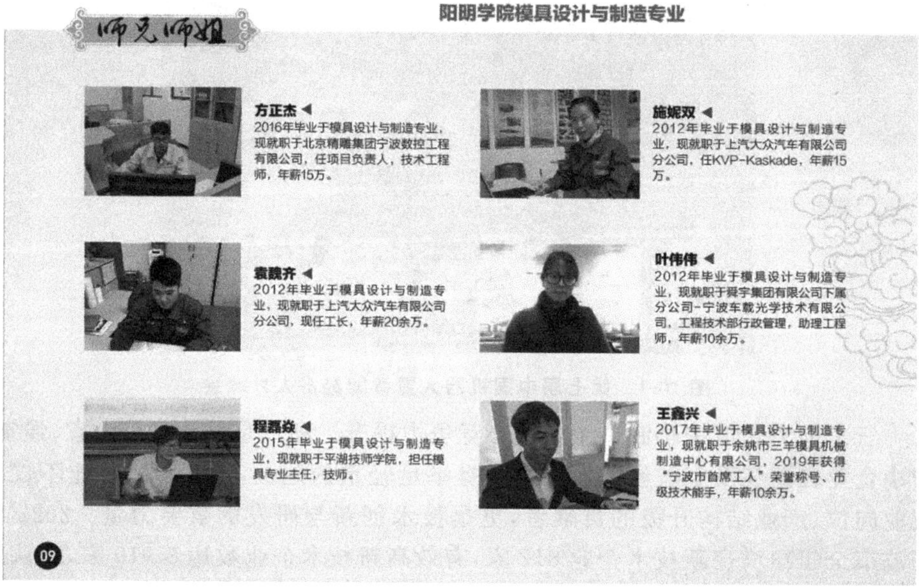

图10-2 阳明学院模具设计与制造专业部分优秀毕业生就业情况介绍1

图 10-3 阳明学院模具设计与制造专业部分优秀毕业生就业情况介绍 2

第三节 专业建设成果丰硕

建设技能型社会的职业教育，对高职院校专业建设提出了很高的要求。经济社会快速发展离不开尊重劳动、崇尚技能的社会氛围。宁波(余姚)职业教育因势利导、顺势而为，为打造"人人皆可成才、人人尽展其才"的技能型社会做出贡献。

1. 努力营造崇尚技能的良好氛围

广泛开展劳动教育，引导学生树立尊重劳动、热爱劳动的价值观。通过在主流媒体开设栏目、组建宣讲团等方式，积极宣传职业教育在推动经济社会发展中不可替代的作用，宣传"适合的教育才是最好的教育"的理念。以办好"职业教育活动周"和世界青年技能日宣传活动为契机，持续推出职业教育培养多样化人才、传承技术技能、促进就业创业的成功事例，努力形成"不唯学历凭能力"的舆论氛围，弘扬"劳动光荣、技能宝贵、创造伟大"的时代风尚。

2. 着力构建推动技能型人才成长的机制

为打造技能型社会，从制度上保障技术技能人才"留得住、干得成、挣得多、上得去"，多措并举，健全完善技能人才评价机制，深化职业资格制度改革，建立职业技能等级制度，形成科学化、社会化、多元化的技能人才评价体系。开通职业院校教师引进的"绿色通道"，如对省级技能大赛前三名获得者，由招聘院校自主考核录用入编。宁波市第一届技能大赛现场如图 10-4 所示。

图 10-4　宁波市第一届技能大赛现场

3. 注重典型示范的引领

培养技能人才，讲好典型背后的故事。创设技能大奖，开展现代工匠先进事迹巡回报告活动，大力弘扬工匠精神，营造尊重劳动、崇尚技能的社会氛围。在高职院校层面，经常举办全市职业院校技能大赛，以赛促教，以赛促学，通过大赛检验教学和人才培养质量，选拔优秀团队和个人进行表彰，形成良好示范效应。团队获奖情况如图 10-5 所示。

图 10-5　阳明学院模具设计与制造专业团队获奖情况

第四节　“阳明模式”前景无限

自2010年余姚市人民政府与宁波职业技术学院合作创办阳明学院以来，学院为区域经济社会发展、产业升级培养了一大批技术技能人才。十余年迈出一大步，良好开端展宏图，为进一步提高区域职业教育办学层次，阳明学院提高了高等职业教育对区域经济社会发展的支撑力。2020年，余姚市人民政府与宁波职业技术学院协商，对阳明学院进行扩容和升级，共建宁波职业技术学院余姚校区。余姚校区将围绕余姚市产业发展布局，开设与当地产业高度契合的智能制造、电子信息等大类专业，全日制在校生规模将达到6 000人以上。宁波职业技术学院阳明学院十余年探索奋斗的成果，充分证明了“职业教育，大有可为”的精辟论断。在习近平新时代中国特色社会主义理论指引下，在2021年全国职业教育大会精神推动下，中国特色职业教育迎来了前所未有的发展机遇，高职院校吸引力稳步提升，高职学生满意度不断提高，雇主对毕业生职业意识、专业能力和通用能力评价屡创新高。阳明学院创办十余年来初步形成的教学实力和社会影响力，也足以证明高职教育“阳明模式”根深叶茂，前景广阔。

一、学院办学条件明显改善

十余年来，阳明学院逐步确立了职业教育的类型地位，建立起从高职专科到申办本科层次的现代职业教育体系，着力推动职业教育提质培优、增值赋能进程，为培养技术技能人才做出了重要贡献。为适应区域经济社会发展需求，学院在国家政策的指引下不断进行职业教育区域布局结构优化调整。在国家政策和地方政府的大力扶持下，阳明学院办学条件在校园规模总量和生均层面均得到很大改善，资源投入、经费保障和师资队伍建设等方面发展势头优良，各项指标均达到国家标准。高职扩招后，生均教学辅助及行政用房面积、生均教学科研仪器设备值、每百名学生配教学用计算机等办学指标基本达标。在经费保障方面，政府财政用于职业教育的经费总投入连年增长，生均公共财政预算教育经费支出逐步提高，专项投入和学生资助工作也持续推进。

【图片新闻】

为进一步提高职业教育办学层次，提高高等职业教育对区域经济社会发展的支撑力，余姚市人民政府与宁波职业技术学院协商，对阳明学院进行扩容和升级，共建宁波职业技术学院余姚校区。余姚校区将围绕余姚市产业发展布局，开设与当地产业高度契合的智能制造、电子信息等大类专业，全日制在校生规模将达到6 000人以上。市委奚书记代表市四套班子对此次校地合作办学签约表示热烈祝贺。他谈到,余姚市与宁波职业技术学院拥有合作办学的良好基础,此次又创新"校城融合"校地合作模式,携手共建总面积达800亩的宁波职业技术学院余姚校区(阳明学院),将双方的合作进一步深入推进,必将对带动我市办学方式变化,加快创建智能经济先行示范区,提升城市品质,起到重大推动作用。双方要以此次签约为起点,强化工作对接,合力做优建设规划、谋好整体布局,高质量、高水平、高效率推动协议内容落实落地,加快建成宁波职业技术学院余姚校区(阳明学院),将其办成宁波、全省乃至全国职业教育的标杆。签约仪式如图10-6所示。(资料来源:《余姚日报》2020年12月4日)

图10-6 校地合作办学签约

二、教育教学改革全面展开

教育教学是职业教育办学的基本要素,也是提升人才培养质量的关键环节。十余年间,阳明学院持续推进治理能力现代化建设,创新育人模式,优化专业设置,深化课程改革,加强质量保障,不断提升教育教学水平。在治理体系方面,阳明学院强化党组织领导核心作用,持续深化推进职教建设,截至2020年,全院组建党支部11个。在专业建设方面,对区域性新兴产业需求进行专业设置,初步形成了专业动态调整机制,以集群发展为抓手推动专业建设。在课程改革方面,持续推进"课程思政""三全育人"建设,积极推动校企合作开发课程与教材,加快引入国际课程教学模式,大力推进专业课程深度开发。截至2023年底,阳明学院共建设了30余门标准化课程,高职院校国家级精品课程数量与省市级精品课程数量均稳步增长。

三、学生发展良好满意度提升

培养学生掌握良好技能，同时提升综合素质，是阳明学院人才培养富有成效的重要体现。阳明学院教育教学工作得到学生认可，学生的基础能力素质和综合素质不断提升。2020 年全院共有全日制高职毕业生 390 人。

全院毕业生就业率基本保持稳定，十余年来高职毕业生每年就业率均大于等于 99.23%。2021 届毕业生平均月薪达 9 180 元，比 2020 届高出 430 元。毕业生就业单位类型多样，其中民营企业和个体工商户约占 83%。就业单位分布广泛，其中就业单位占比排名前 5 位的分别为：舜宇集团、海天集团、吉利集团、北京精雕、神通集团。从创业情况看，毕业生自主创业比例为 2.6%。

四、服务经济社会发展成效显著

阳明学院充分依托高职教育优势专业和特色资源，积极开展社会服务工作，为地方经济建设和社会发展献力献策。立足区域经济发展，为社会输送大批技术技能人才，近三年有 86.4%的毕业生在余姚当地首次就业，91%的毕业生就近就专业在宁波市各县区就业，9%的毕业生回到家乡对口专业企业就业，丰富了各地技能型人才资源。

阳明学院依托创新平台大力研发科技，积极开展技术转化服务，近 5 年科技成果转化促进区域企业销售额增长 15 亿元，为中小企业提供精密智能检测技术方案 60 项，培育科技创新型企业 3 家，助推社会团体创业公司 5 家。

阳明学院充分发挥类型教育的特色，依托专业优势大力开展行业培训，近 5 年培训人数达 3 556 人。

综上所述，强化类型特色、优化类型定位是阳明学院职业教育改革发展的重要举措，也是阳明学院职业教育高质量发展的鲜明特色。宁波职业技术学院阳明学院十余年探索所形成的“阳明模式”实践成果，充分彰显了职业教育的类型特征，从质量评价视角上看，为新时代尤其是“十四五”时期我国职业教育改革发展提供了样本积累和现实参照。在全面建设社会主义现代化国家和技能型社会的新征程中，职业教育前途广阔，定能为建设社会主义现代化强国、实现中华民族伟大复兴提供有力的人才支持和技能支撑。高职教育“阳明模式”，也必将大有可为，前景无限。

参考文献

[1] 度阴山. 知行合一王阳明 1472—1529 版[M]. 南京:江苏凤凰文艺出版社,2018.

[2] 度阴山. 王阳明领导力心法[M]. 南京:江苏凤凰文艺出版社,2021.

[3] 吴光,钱明,董平,等. 王阳明全集(新编本)[M]. 杭州:浙江古籍出版社,2010.

[4] 陈琦. 王阳明"致良知"思想及其当代价值[M]. 昆明:云南人民出版社,2018.

[5] 周艺红,郑清松. 现代学徒制本土实践与发展策略[M]. 上海:复旦大学出版社,2022.

[6] 梁远洪,杜保瑞. 阳明哲学与阳明文选[M]. 杭州:浙江大学出版社,2020.

[7] 蔡亮,陈雪军. 宁波阳明文化[M]. 宁波:宁波出版社,2019.

[8] 田薇. 论王阳明以"良知"为本的道德哲学[J]. 清华大学学报(哲学社会科学版),2003(1):5-9.

[9] 姜虹亦. 王阳明"致良知"思想及其对高校思想政治教育的启示[J]. 汉字文化,2021(23):196-198.